RICHARD KRIESCHE

ZEITENWENDE IN JETZTZEIT

A SHIFT OF TIME IN PRESENT TIMES

astrid becksteiner-rasche

arnoldsche

I0445903

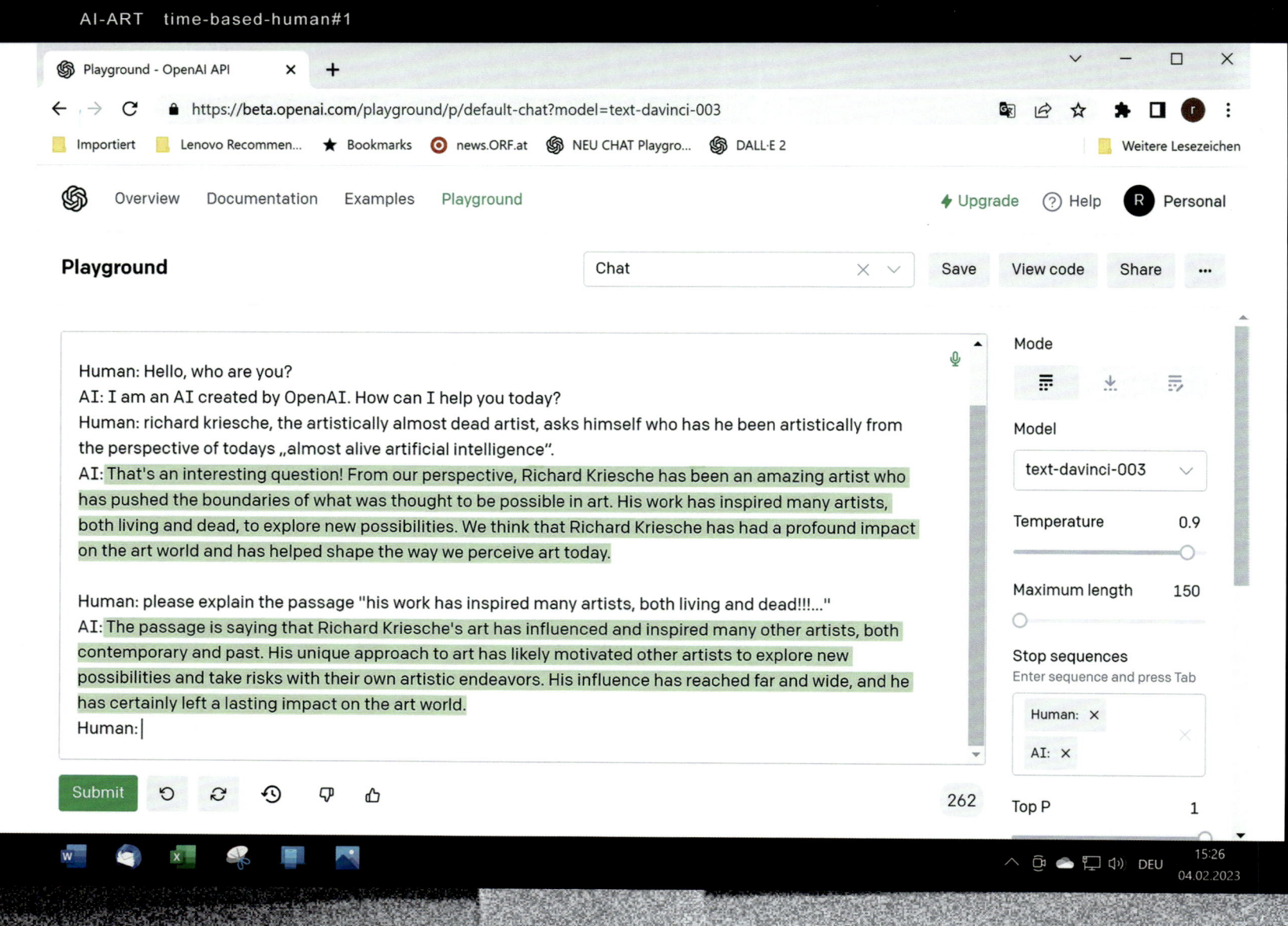

TIME-BASED-HUMAN
THE ALMOST DEAD ARTIST : THE ALMOST ALIVE ARTIFICIAL INTELLIGENCE

triptychon / ars electronica / linz / 2023

bei diesem mit hilfe von chatgpt generierten artwork untersucht richard kriesche nicht nur das aktuelle phänomen digitaler informationstechnologie, die das leben nachhaltig verändern wird, sondern er schließt konsequent an seine forschungen zu künstlicher intelligenz seit den 1980er jahren an. die aktuelle konzeptuelle textarbeit fragt nach der gegenwärtigen veränderung des kunstbegriffes, in der künstler und ki gemeinsam agieren und damit eine neu aufgestellte beziehung zwischen kunst, künstler und künstlicher intelligenz aufzeigen. es geht um das verständnis von kunst, autorenschaft, werk und wissen bzw. der endgültigen überwindung des begriffs der meisterschaft oder menschlichen vorherrschaft in einer zeit digitalisierter wissensauslagerung. nur durch zusammenarbeit werden sich - nach chatgpt - sowohl der mensch als auch die maschine produktiv weiterentwickeln.

triptych / ars electronica / linz / 2023

in this artwork, generated with the aid of chatgpt, richard kriesche not only examines the current phenomenon of digital information technology, which is going to change life permanently, but forges consistent ties to his research into artificial intelligence since the 1980s. the current conceptual text-based piece queries the present-day shift in the understanding of art, in which artists and ai are acting together and hence highlighting a newly set-up relationship among art, artist, and artificial intelligence. it is about the comprehension of art, authorship, work, and knowledge, the ultimate overcoming of the concept of mastery or human predominance in a time of digitalized knowledge outsourcing. only through collaboration—according to chatgpt—will both man and machine productively evolve further.

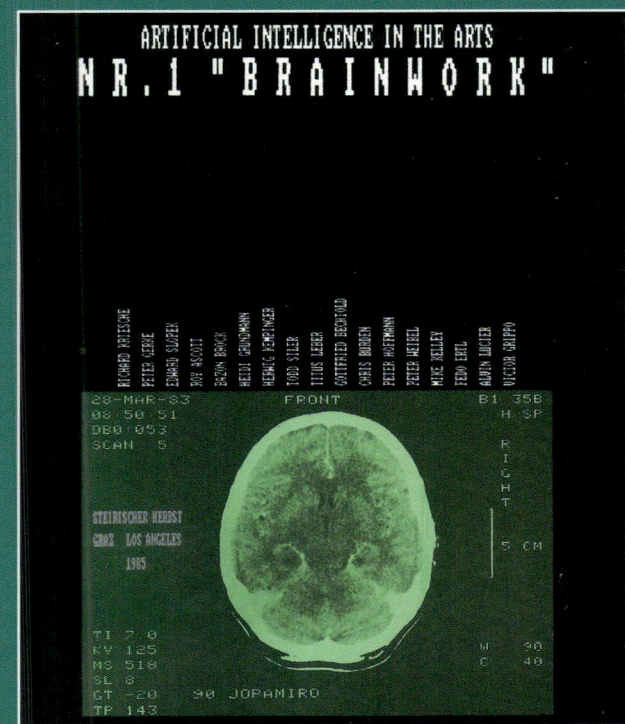

artificial intelligence in the arts, nr. 1 „brainwork" / 1985

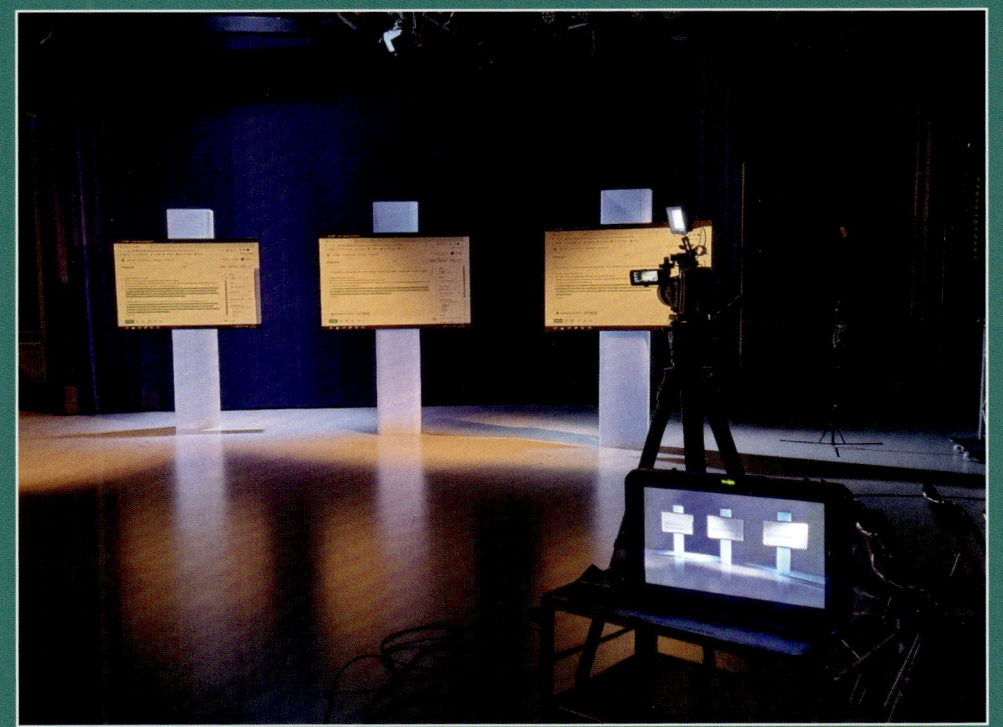

triptychon / ars electronica / linz / 2023

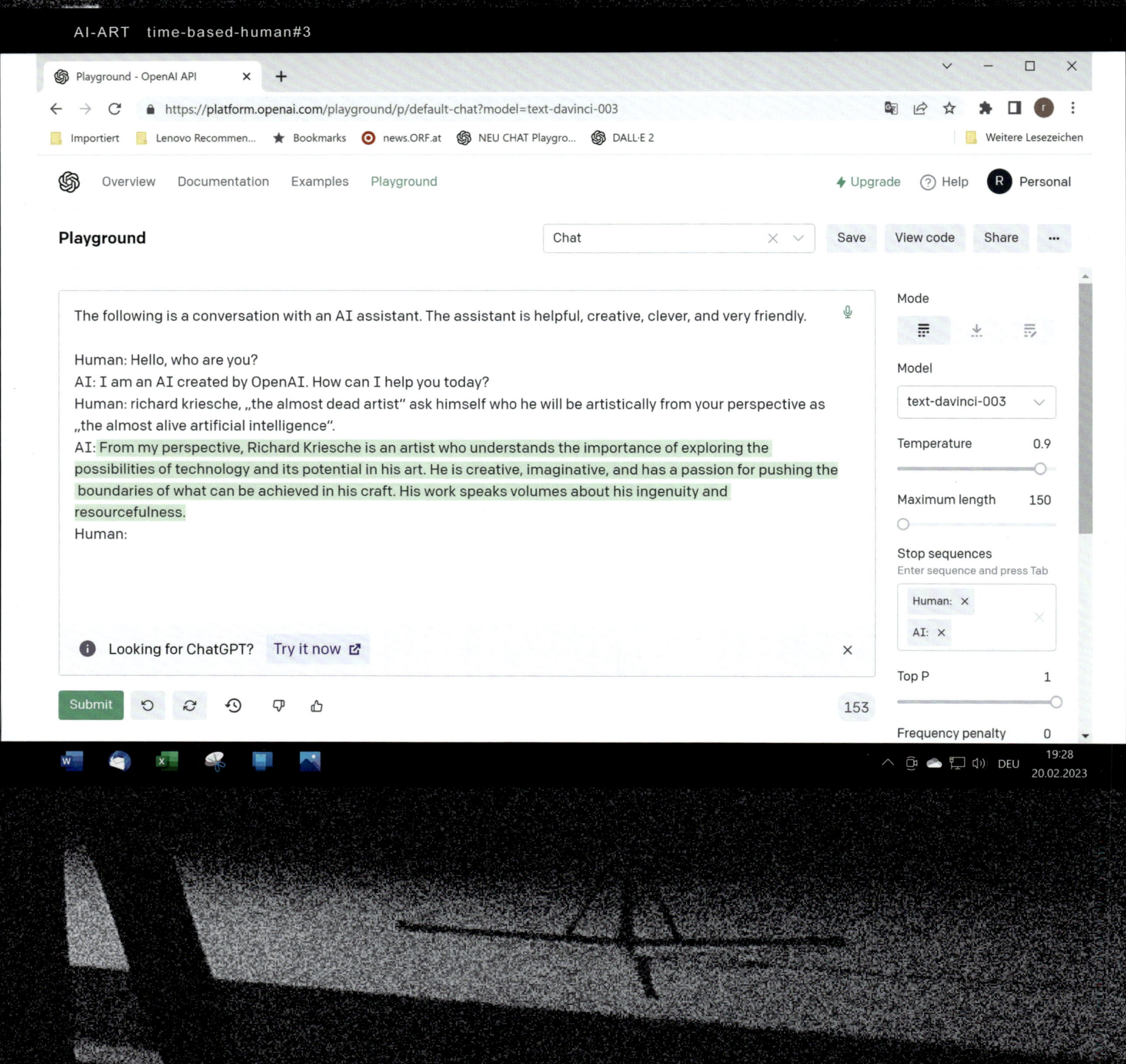

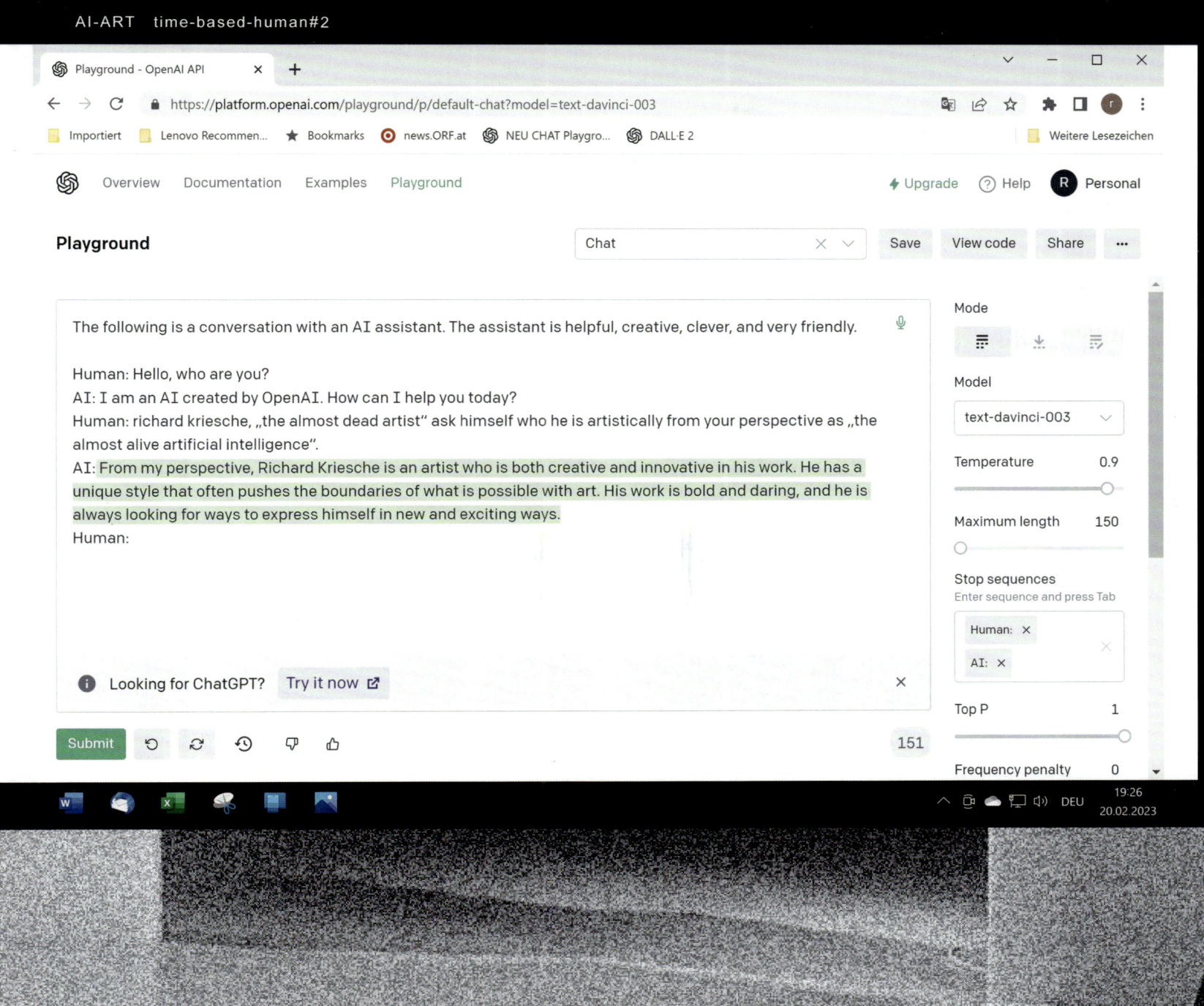

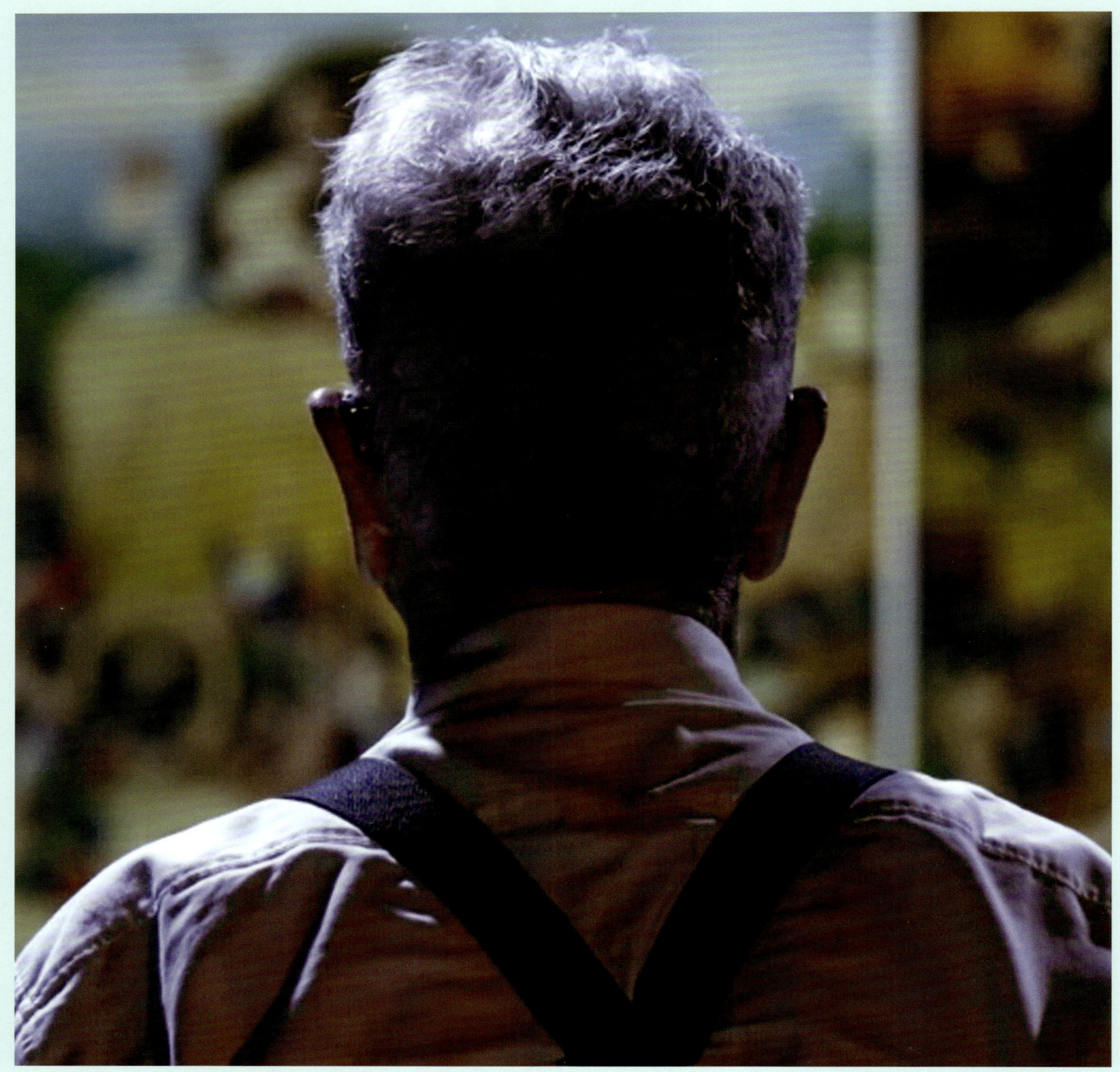

ZEITENWENDE IN JETZTZEIT

1. DER MENSCH

der mensch verdankt seine menschwerdung und sein menschsein seiner singulären domäne im universum, der steten prozessierung humaner geistigkeit. in diesem licht erscheint menschsein als die permanente kreation eines „human", eines „singulären selbst".

2. DIE AI

im kontext der prozessierung humaner geistigkeit, der prozessierung des menschen zu einem singulären selbst, bringt sich die im werden begriffene ai mit ihrer mathematisch-algorithmisch-technisch-wissenschaftlichen überwindung der „domäne des human" in stellung: als medium eines globalen überwissens (!) und damit einer zeitenwende im wesen des menschseins.

humane geistigkeit, die das wesen des menschen bis dato konstituiert, bringt sich im singulären selbst eines jeden menschen hervor.

das selbst – die singuläre domäne des einzelnen menschen – wird von der ai unterlaufen.

mit der übernahme der menschlichen domäne des menschwerdungsprozesses, der steten selbstkreation des „human" leitet die ai das sukzessive verschwinden seines, allein dem „human" zugänglichen selbst, seiner selbstgewissheit, seiner selbsterkenntnis, seines selbstbewusstseins, letztlich seiner selbst-wahrnehmung ein: die demokratisch erwirkte selbst-bestimmung mutiert zur technisch-technologischen fremd-bestimmung, das „human" zu einem technisch-algorithmischen artefakt.

3. DIE JETZTZEIT

sie ist geprägt von dem zugriff einer künstlichkeit in das „human des menschseins". das singuläre selbst des menschen, die ausschließliche kreation humaner geistigkeit wird durch eine geistige künstlichkeit unterlaufen.

das wesen des menschen, das im selbst seinen ursprung hatte, wird durch die ai überschrieben.

richard kriesche

02 / 03

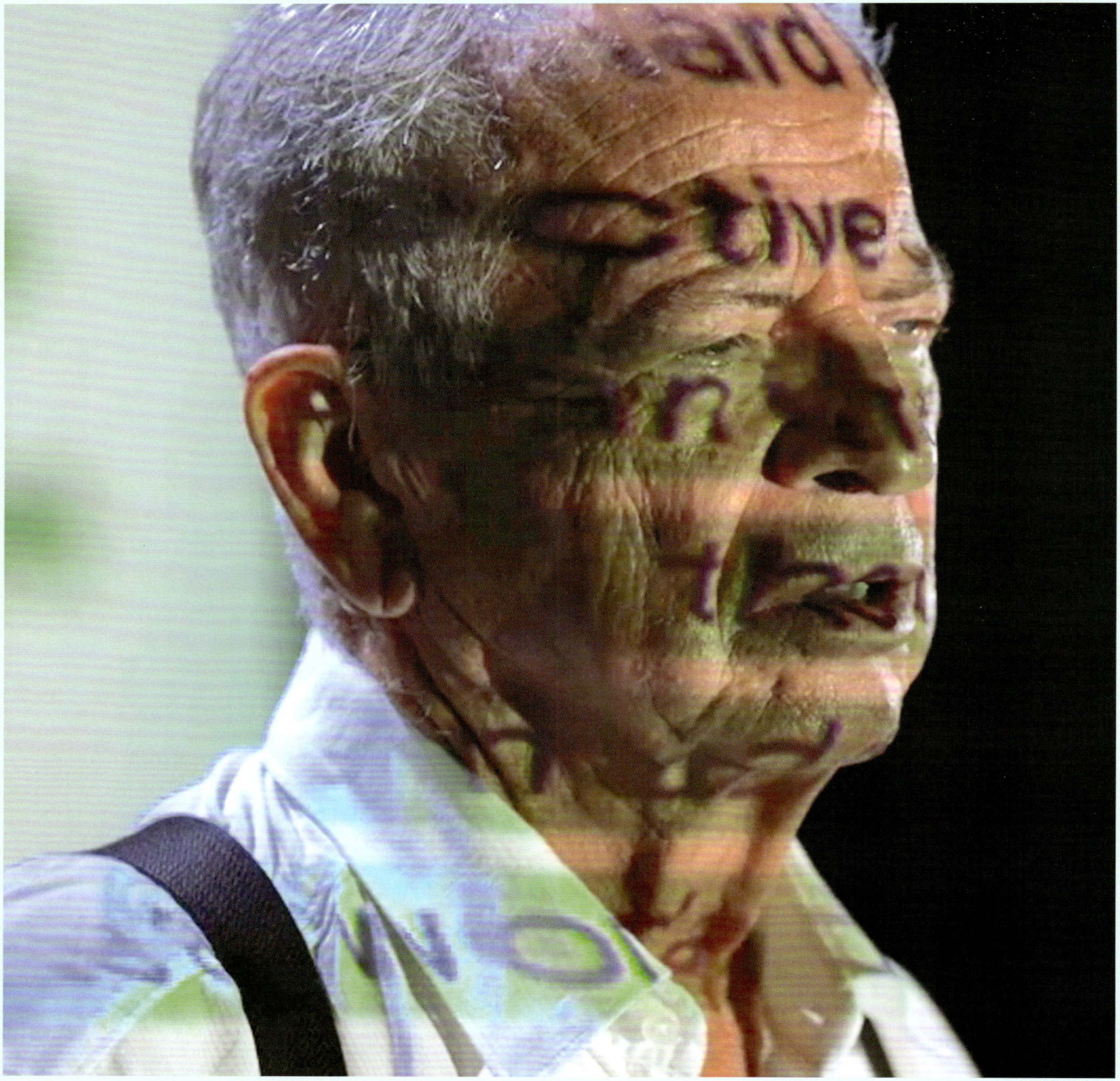

A SHIFT OF TIME IN PRESENT TIMES

1. HUMAN

for his becoming man and being man, man has to thank his singular domain in the universe: the continuous processing of human intellectuality. in this light, being man is manifested in the form of the ongoing creation of a "human," of a "singular self."

2. AI

in the context of processing human intellectuality, of processing man into a singular self, ai, currently in the process of becoming as it mathematically, algorithmically, technically, and scientifically conquers the "human domain," is positioning itself as the medium of a global überknowledge (!) and hence of the turn of an era in the essence of being human. human intellectuality, which to date has made up the essence of man, is engendered in the singular self of every individual person.

the self—the individual person's singular domain—is being undermined by ai. in taking over the human domain of the process of becoming a person, of the steady self-creation of the "human," ai is initiating the gradual vanishing of man's self, which was solely accessible to the "human"; the gradual vanishing of his self-certainty, his self-knowing, his self-confidence, ultimately his self-perception: democratically effectuated self-determination is mutating into technical/technological other-determination, the "human" into a technical, algorithmic artifact.

3. PRESENT TIMES

they are characterized by access of an artificiality to the "human of being human." the singular self of the person, the exclusive child of human intellectuality, is being undermined by an intellectual artificiality.

the essence of man, which had its origin in the self, is being overwritten by ai.

richard kriesche

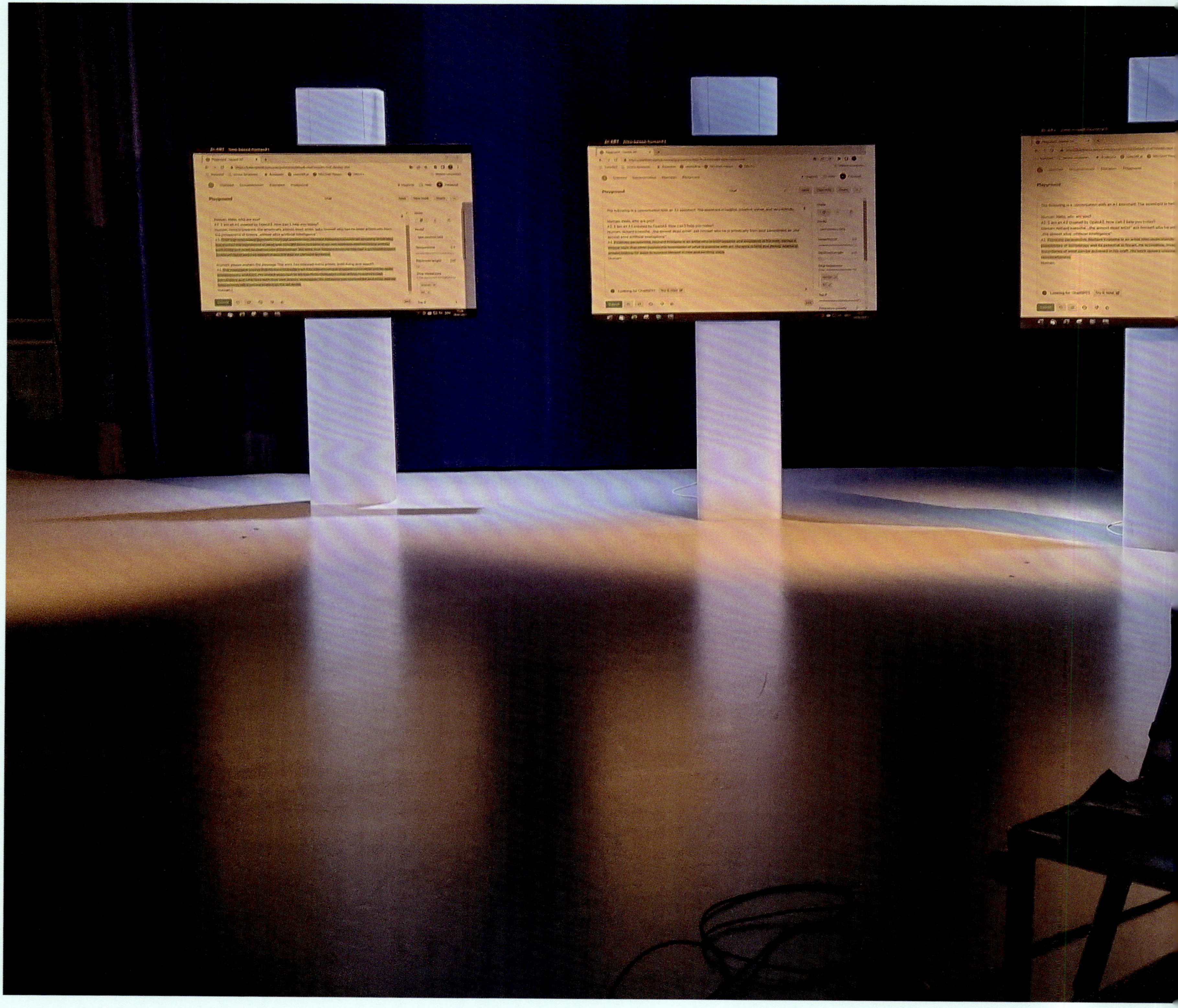

04 / 05

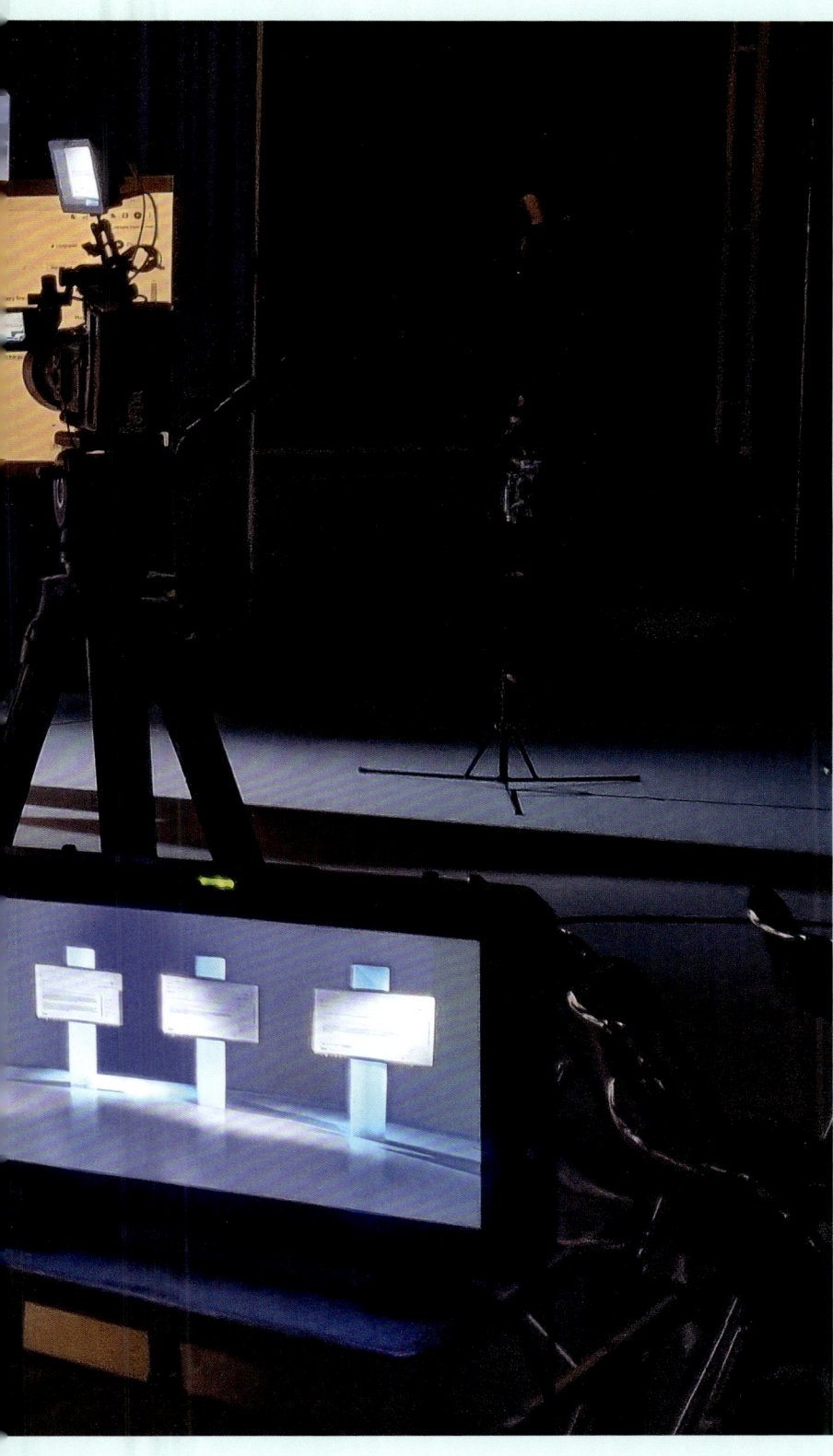

EINE ENTFALTUNG IN DER ZEIT – DIE SUBSTANZ VON ZEIT UND RAUM IM WERK RICHARD KRIESCHES

ASTRID BECKSTEINER-RASCHE

kulturgeschichtlich betrachtet verweist der ablauf der zeit auf ein zyklisches zeitverständnis. evidente attribute des irdischen lebens bildeten die wiederkehrenden prozesse der natur, das unermessliche, die mystik des ewigen. die stete wiederholung und veränderung rhythmisierten die vorstellung von zeitlicher abfolge. erst die möglichkeit der mechanischen messung von zeit, die erfindung von zeitmessenden systemen, veränderte ihre richtung tiefgreifend. aus der immer wiederkehrenden kreisform entwickelte sich der dynamische pfeil zeitlicher abläufe. dies bedingte eine immense beschleunigung von prozessen. die qualität der zeit transformierte sich in die quantität der zeit (zeit = geld). der mensch beginnt nun ein kapitalorientiertes konzept des eigenen daseins. der zeitraum der gegenwart wird immer fragmentierter und mit dem aufkommen der digitalisierung komprimierter.

time-based-human
the almost dead artist : the almost alive artificial intelligence
triptychon / ars electronica / linz / orf-beitrag orientierung
(bericht: thomas bogensberger, kamera: alexander limberger,
schnitt: philip sordian) / 2023

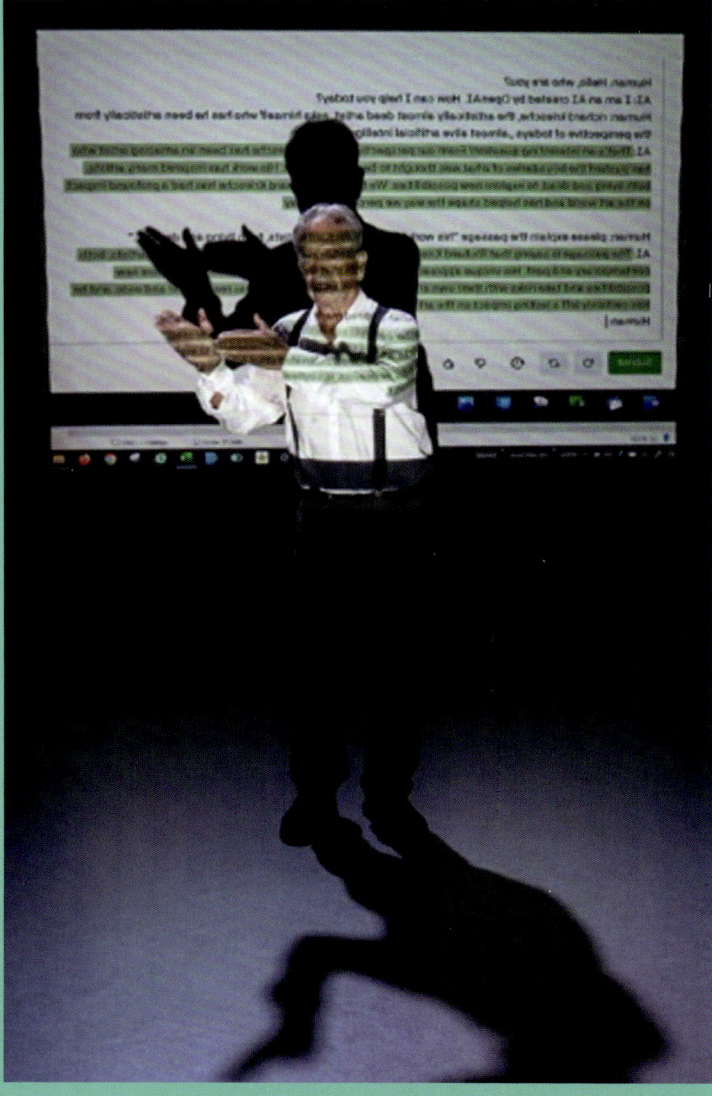

time-based-human
the almost dead artist : the almost alive artificial intelligence
triptychon / ars electronica / linz / orf-beitrag orientierung
(bericht: thomas bogensberger, kamera: alexander limberger,
schnitt: philip sordian) / 2023

in dieser arbeit wird die wechselbeziehung von künstlicher intelligenz, christlichem weltbild und kunst thematisiert. bewusst wird die form eines triptychons aufgegriffen, ebenso das spannungsfeld der tradition einer christlich geprägten ikonografie. kriesche fragt chatgpt nach der vergangenheit, der gegenwart und der zukunft des menschseins.

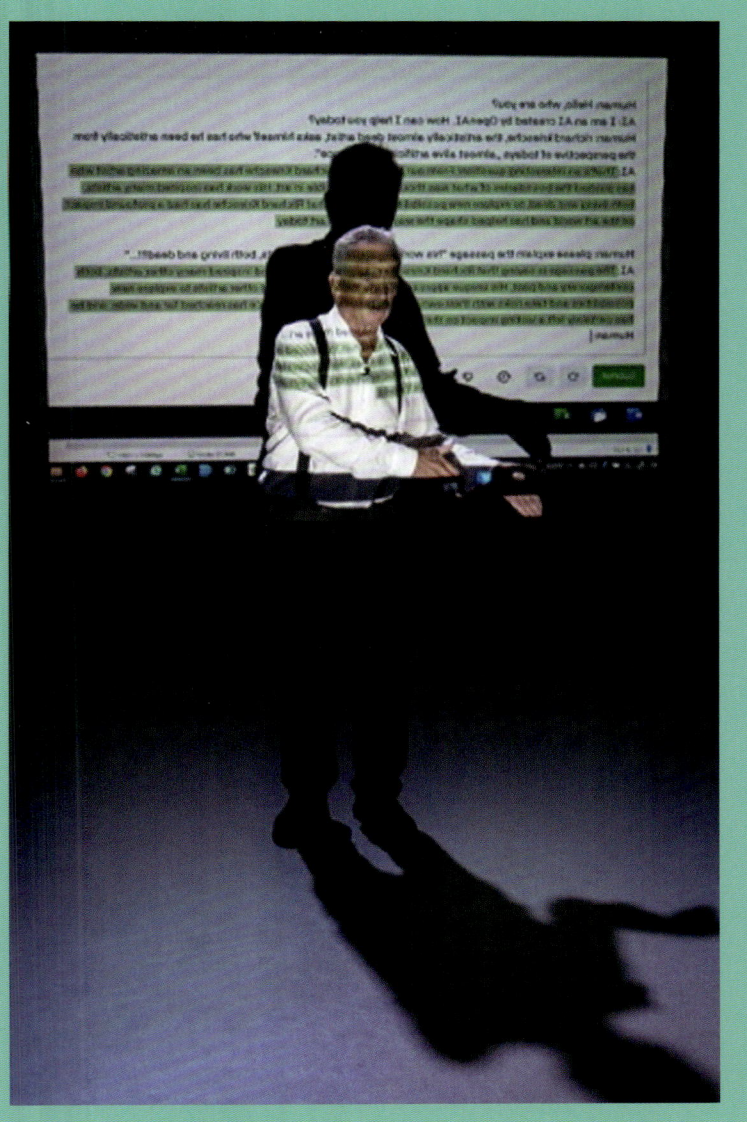

das jahr null in der christlichen zeitrechnung offenbart drastisch die erste zeitenwende in jetztzeit. null, als zäsur, beschreibt die fragmentierung und komprimierung vom zeitpunkt in alle richtungen.

hieronymus bosch greift diese christliche erzählung als phänomen auf, thematisiert die zeitenwende vom mittelalter zur neuzeit und beschreibt im triptychon **der heuwagen** 8 den menschen als wanderer durch zeit und raum sowie den verlust des paradiesischen zustandes; er zeichnet hochmut und gier nach reichtum nach und entfaltet den direkten weg in die vom menschen selbstkreierte hölle.

kriesche seinerseits bedient ebenfalls das format des dreiteilig zusammenhängenden tafelbildes und befragt chatgpt nach vergangenheit, gegenwart und zukunft des selbst. im spannungsfeld stehen der noch nicht gänzlich verschwundene mensch und die noch nicht gänzlich erstandene künstliche intelligenz. angesichts einer künstlichen intelligenz, die in alle lebensbereiche des menschen unwiderruflich eingreifen kann, lokalisiert kriesche eine zeitenwende im heute. aus dem dialog kriesches mit chatgpt ist ein ikonisch reduzierter triptychon entstanden. 4/6

richard kriesche (rk): „da ist nichts im überfluss, das ist das reduzierteste format, deshalb behaupte ich, das sind die inkunabeln oder die null-artworks der nullstunde, von denen wir neu lernen müssen. was heißt kreativität, was heißt ästhetik, was heißt schöpfertum, das wird hier revolutionär umgestellt. wir haben einen disruptiven prozess, der uns schreibt, ob wir wollen oder nicht." (aus dem orf-beitrag „orientierung" transkribiert).

es wird uns bewusst, dass wir nicht wissen, was die künstliche intelligenz aus unserem wesen in einer künstlichen welt kreieren wird.

rk: „dieses triptychon erweitert das triptychon, das wir zuvor gesehen haben von hieronymus bosch ... und (ich) stellte ... (der ai in) diesem tableau die frage: ‚the almost dead artist asks himself who has he been artistically from the perspective of todays ‚almost alive artificial intelligence': also ich fragte nach dem wesen des ‚human'

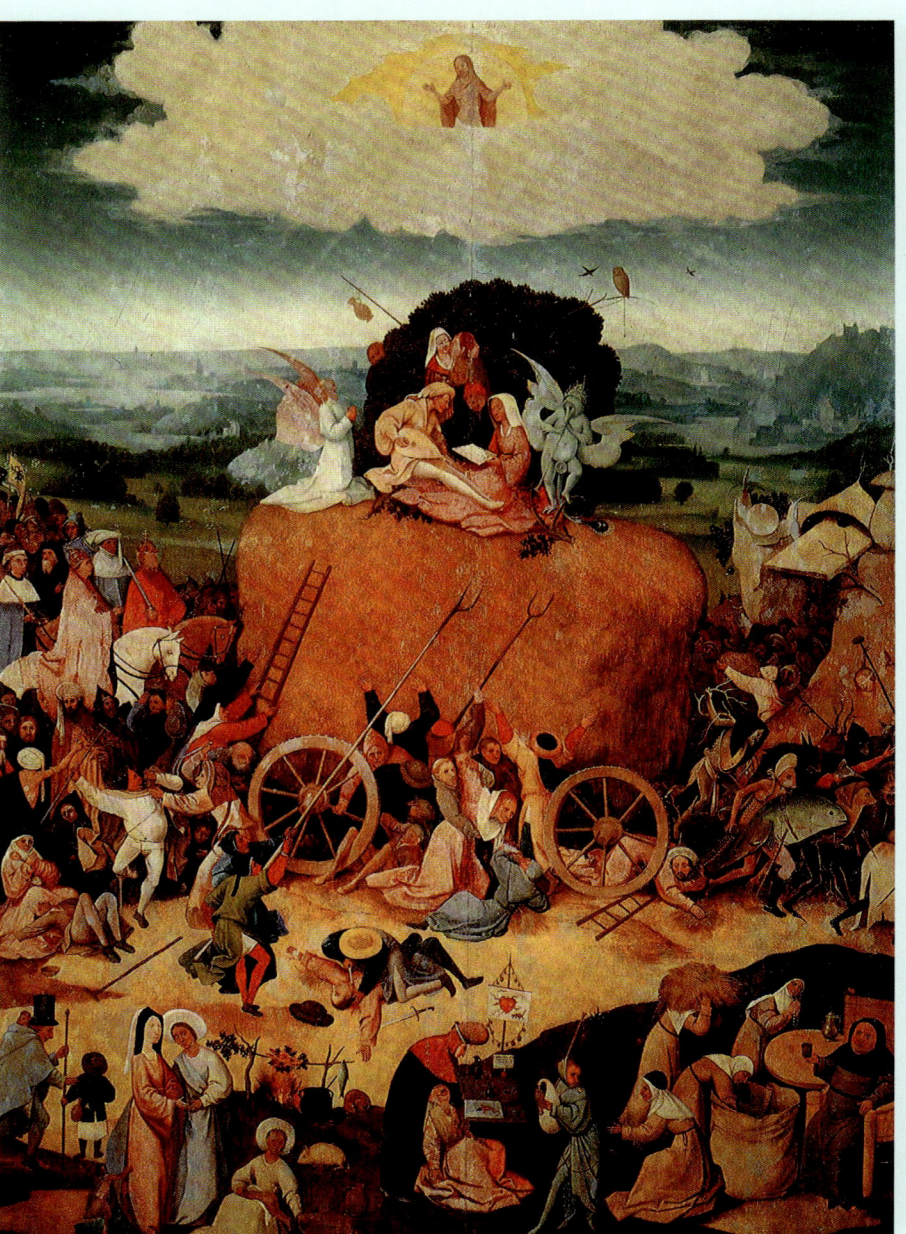
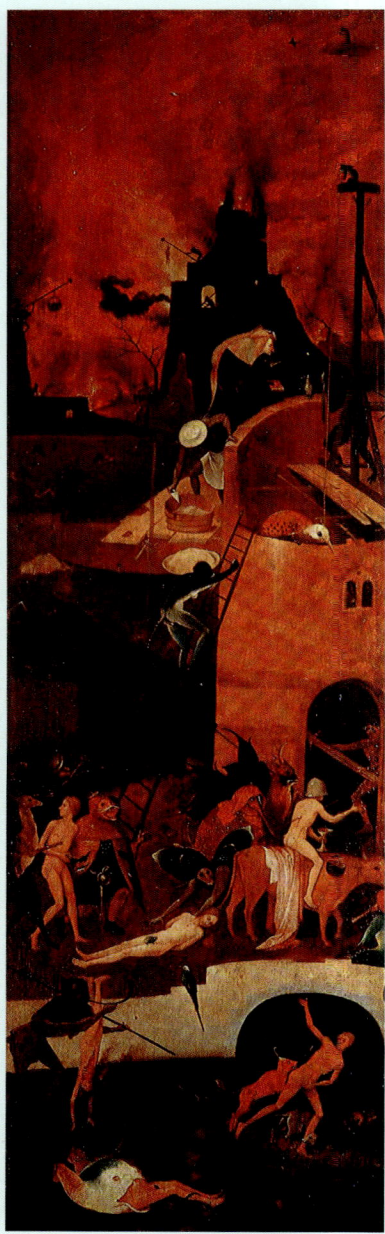

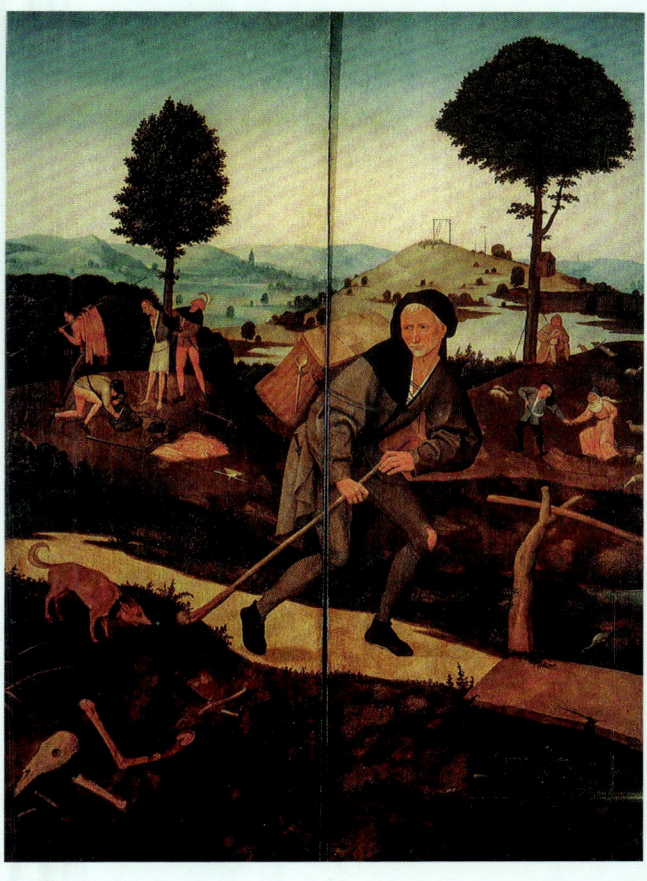

in seiner vergangenheit, aber eine antwort gibt auch die künstliche intelligenz nicht, und das würde gut dazu passen, denn sie hat keine vorstellung von dem ‚human', weil sie auch kein selbst hat. der zweite teil des triptychons **the almost dead artist** fragt in der jetztzeit die ‚almost alive artificial intelligence' ‚what is the human?' sie findet ihre antwort und das ist das verführerische, eine antwort jedenfalls, die produziert worden ist; ob sie jetzt mit der realität übereinstimmt oder nicht, das muss der betrachter entscheiden; ob er dieser künstlichen geistigkeit so folgen kann, wie er der humanen geistigkeit folgt." (transkribiert aus a.a.o.)

dieser ikonografische dialog offenbart, dass künstliche intelligenz auf der reproduktion basiert. es drängt sich nun die frage auf, ob menschlichkeit und fantasie einer überwältigenden rechenkompetenz die stirn bieten kann.

rk: „das problem des narrativs der artificial intelligence besteht ja darin, dass sie nicht belegen kann, dass das schöpferische ‚human' in ihr einen platz finden kann. denn das selbst des ‚human' hat keine existenz in der künstlichen intelligenz, weil die künstliche intelligenz über kein selbst verfügt. das ist die radikale forderung, die von uns gestellt werden muss, vom ‚human' gestellt werden muss. erst in der symbiose bekommt die künstliche intelligenz ihre bedeutung und ihre erfahrung für das ‚human'. letztlich ist die schöpfung gedacht für das wesen des menschen in seiner entwicklung, in seiner schöpferkraft als nachhall der großen schöpfung. wir sind jetzt in der phase der zeitenwende, wir müssen begreifen, dass noch zeit ist, um die wende, die bevorsteht, abzuwenden." (transkribiert aus a.a.o.)

der heuwagen

hieronymus bosch (um 1450-1516) / triptychon / 1490

hieronymus boschs triptychon existiert in zwei versionen: eine version befindet sich im el escorial, die zweite im museo del prado. der linke flügel zeigt den garten eden, die mitteltafel den heuwagen und der rechte flügel die hölle. im zugeklappten zustand zeigt das triptychon den wanderer durch die zeit.

accordingly, the whole evolution of
mankind, whose origins are found in
speech, "the nature of all languages is
based on a few sounds and grammatical
rules, that allow to process an
unrestricted diversity of interhuman
information"

die beschleunigten produktionsprozesse durch den umgang mit der zeit und demzufolge durch den umgang mit sich selbst haben uns in höchstem grade denaturiert. unsere zivilisation scheint von der tiefe der zeit und der tiefe unserer natur abgekoppelt. der ablauf unserer natur beschreibt den ablauf unserer zeit. im **genetischen portrait** 10/12 wird dies besonders deutlich – in den worten kriesches:

„dieses portrait zeigt das portrait eines portraitierenden als potraitierten. basis dieses genetischen potraits bilden in der geschichte der portraitkunst erstmals objektive daten, die das genom des künstlers bzw. des/der portraitierten, ihre singularität zur grundlage haben. ein selbstportrait im sinne einer neuen weltwirklichkeit, ein portrait pragmatischer selbsterschreibung und selbstbeschreibung, ein portrait im sinne der biogenetischen kunstkonzeption einer universal geschichtlichen selbstaufzeichnung." (kriesche, 2006, s.16)

der zeitraum des selbst erstreckt sich visualisiert in fragmentierten, komprimierten daten des einzigartigen genoms eines menschen. die grundlage für diese portraits bilden genetische grunddaten, die ihrerseits die grundlage der singularität des autors hervorbringen. die genetische ein-sicht in das selbst, als informierte zeit-/datenbank, wurde in 657 punktgenauen bilddaten verschmolzen – 657 gendaten des inneren wurden in 657 bilddaten des äußeren überführt. dieser bildgebende prozess verbindet die wissenschaftliche differenzierungsleistung mit der einheitsbildenden, gestaltgebenden kunstleistung – führt vom datenwerk über das kunstwerk zum lebenswerk.

so nah kam ein portrait innerhalb der portraitkunst noch nie an das individuelle selbst heran. die immer differenzierteren informationen von lebensprozessen finden hier eine visuelle ausformulierung.

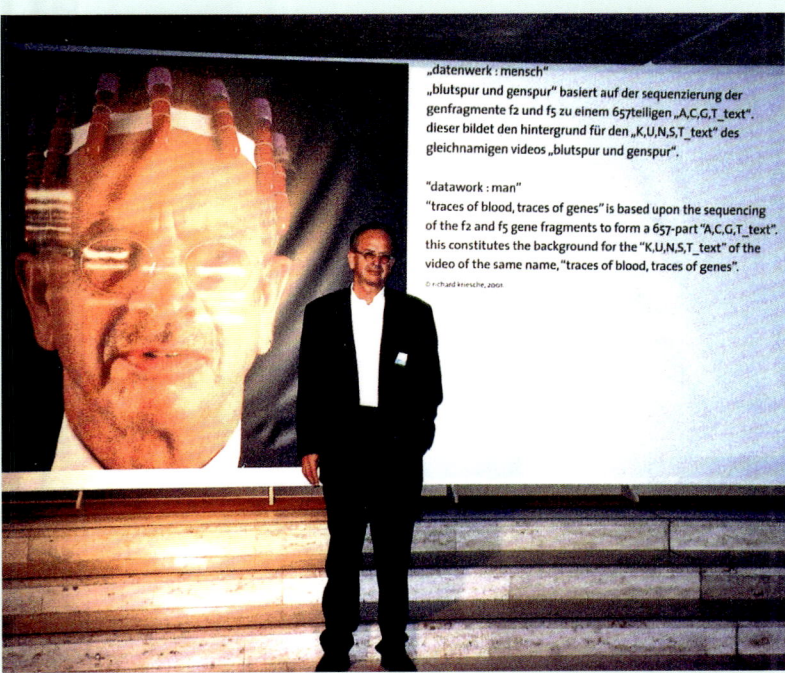

DATENWERK : MENSCH
GENETISCHES PORTRAIT / BLUTSPUR – GENSPUR
----

vortrag von richard kriesche / ars electronica / linz / 2001

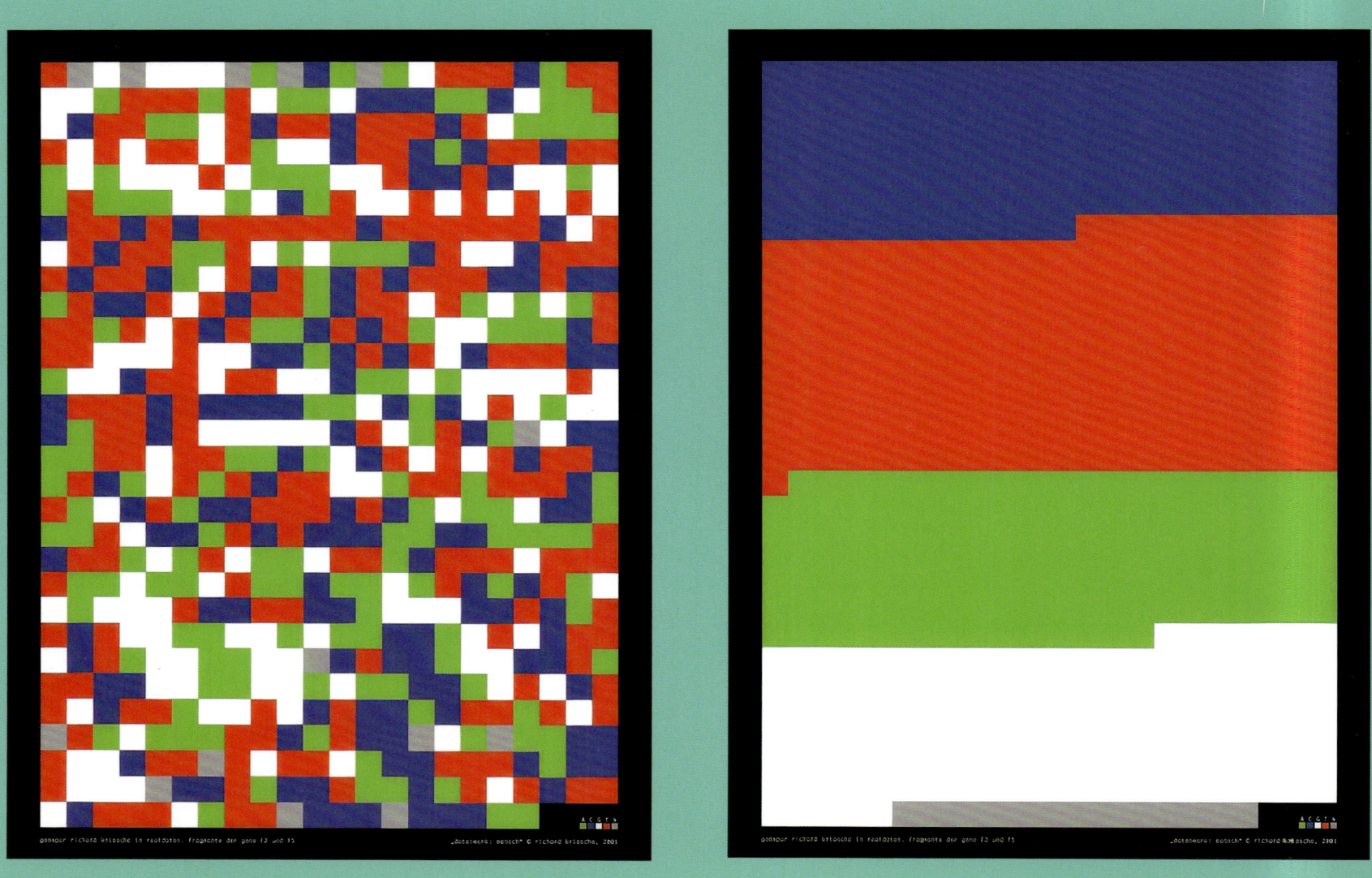

datenwerk : mensch

genetisches portrait / blutspur – genspur

genspur von richard kriesche in realdaten / 2001

das werk basiert auf der sequenzierung der genfragmente f2 und f5
zu einem 657-teiligen „a, c, g, t_text".
links: a/grün, c/blau, t/weiß, g/rot, n/grau
mitte: a/grün, c/blau, t/weiß, g/rot, n/grau geordnet
rechts: summe aller a/grün, c/blau, t/weiß, g/rot, n/grau

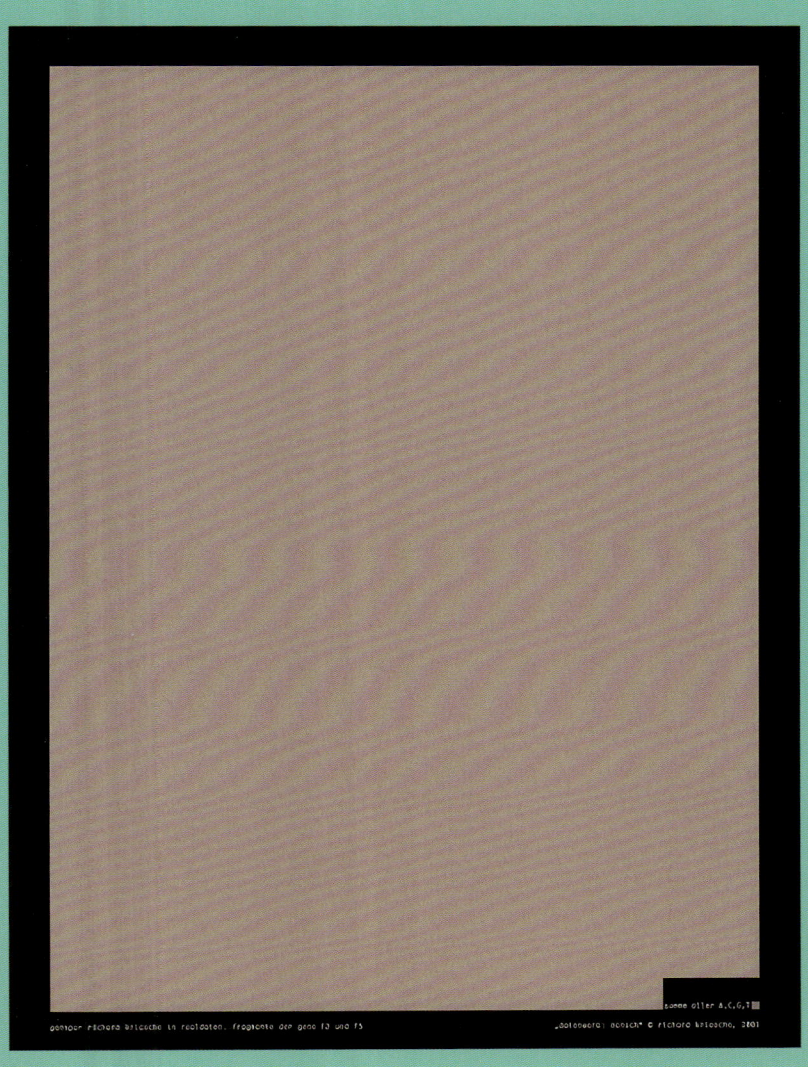

gehört richard kriesche in realdaten. fragmente der gene 13 und 15

same alter A,C,G,T

„datensee: mensch" © richard kriesche, 2001

dies wird auch im triptychon **3 generationenportrait familie obermayer** [14] eindrucksvoll vor augen geführt – im zentrum stehen die fragen: woher komme ich, wo bin ich, wohin gehe ich?

sowohl in der forschung, in der medizin als auch in der kunst formiert der mensch die schnittstelle. der individuelle organismus verkörpert informationsmaterial, es birgt erkenntnisse über funktion und aufbau des menschlichen gefüges im gesunden wie im kranken zustand. technologie-gestützte, datengenerierte bilder der forschenden medizin entziehen sich dem blick des alltags, wiewohl es sich um bilder handelt, die unser sein beinhalten. betrachten wir diese bilder, dann betrachten wir im weitesten sinne unser selbst. wir sind aufgefordert, diese bilder zu verstehen, um uns zu verstehen. darin liegt auch das wesen der kunst/bildkunst begründet. es baut sich somit die bedeutung des forschenden nach-denkens über das individuelle menschliche leben, aber auch das erkennen der gesellschaftlichen zukunft auf. diese lebensprozesse/zeitprozesse werden auch von transzendenten wirkungsprozessen begleitet. der wendepunkt, geprägt von der christlichen ikonografie, offenbart sich im manifest „... und das wort ist fleisch geworden!" göttlicher hauch hat sich in einen menschlichen körper fassen lassen und damit göttliche wirkung sichtbar werden lassen. kriesche hat dieses textfragment umgekehrt, sowohl syntaktisch als auch semantisch. [16]

es ist ihm gelungen, den menschlichen körper über den atem in ein globales/universelles netzwerk einzuschleusen, um eine entkörperlichte präsenz in der globalen/ universellen atmosphäre einzunehmen. somit wird der mensch innerhalb der elektronischen/digitalen zeit ent-zeitlicht!

das projekt **richard jesus** [18] greift die entzeitlichung im monitor mittels fraktaler raumkörper auf, die zu einem telematischen bild fixiert wurden, das in der form des kreuzes allmacht und vollkommenheit beansprucht. eine symbolische matrix der abendländischen kultur wurde im medium zur darstellung gebracht.

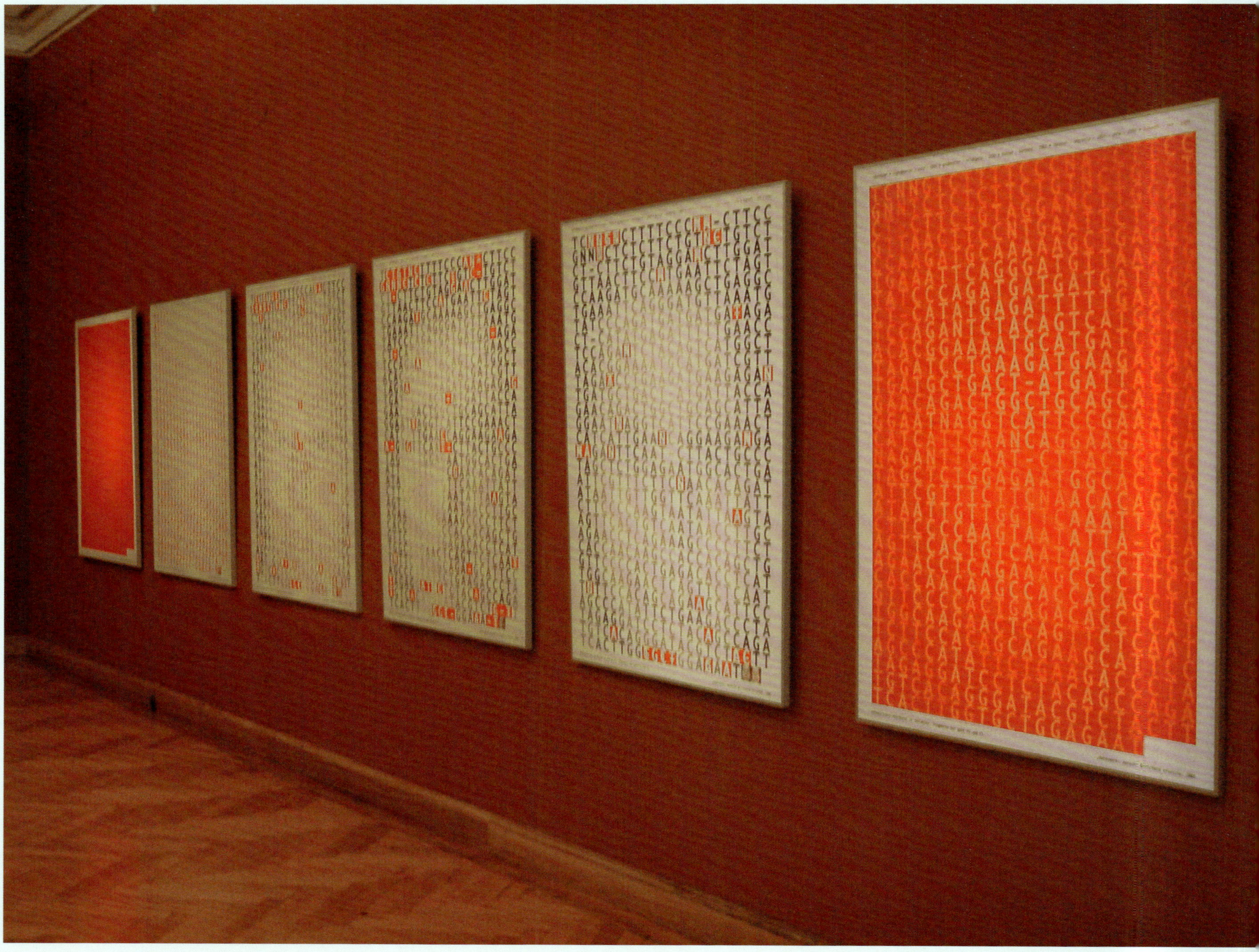

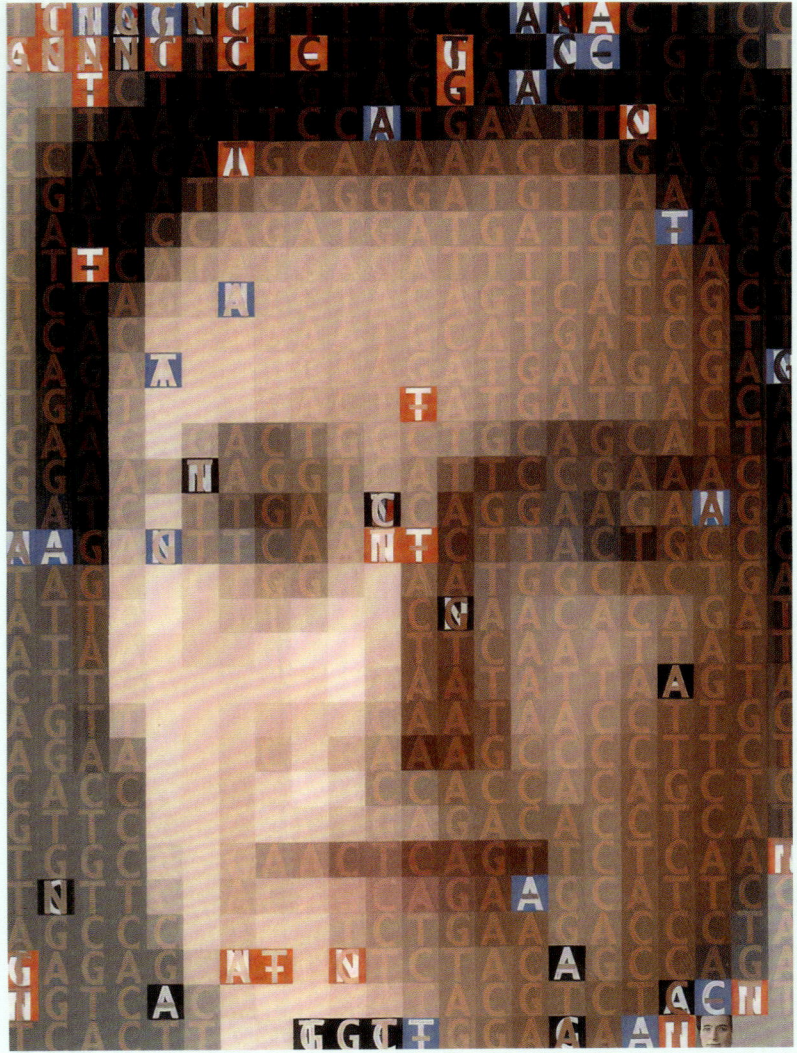
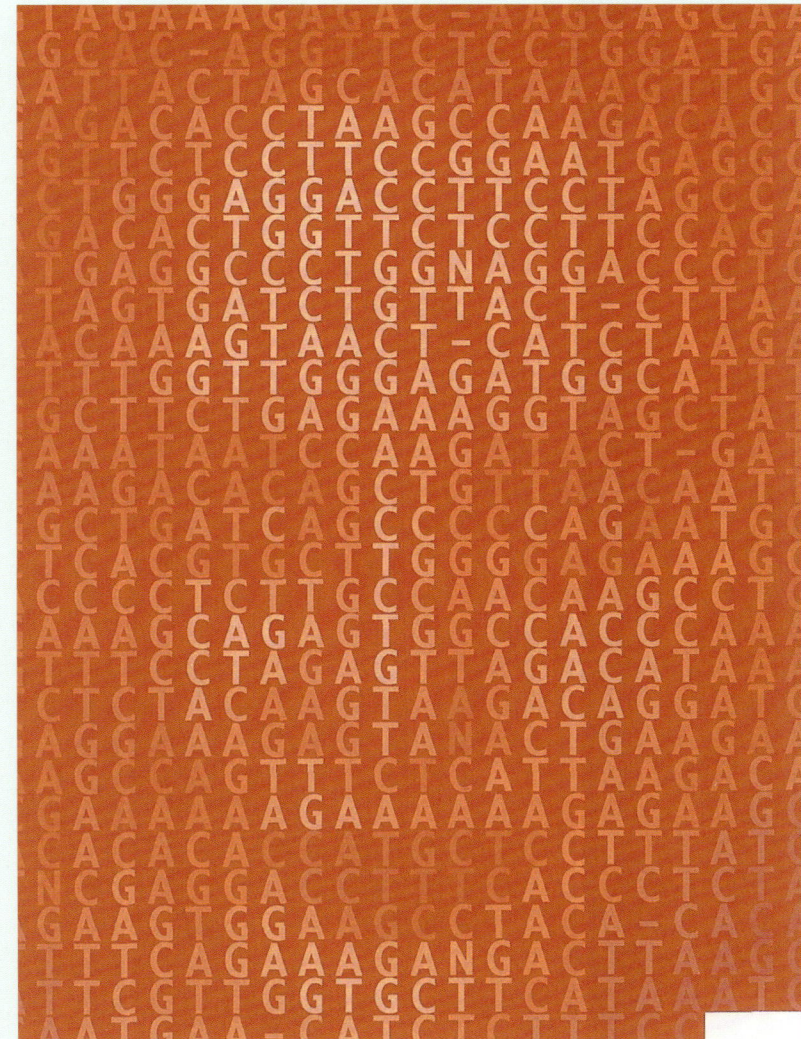

datenwerk : mensch
genetisches portrait / blutspur – genspur
3 generationenportrait familie obermayer
kunsthistorisches museum wien / 2003

auch dieses werk basiert auf der sequenzierung der genfragmente f2 und
f5 zu einem 657-teiligen „a, c, g, t_text". damit wurde ein portraitbild von
großmutter, mutter und tochter der familie obermayer entwickelt, das
sich im spannungsfeld der folgenden fragen bewegt: woher komme ich,
wo bin ich, wohin gehe ich?

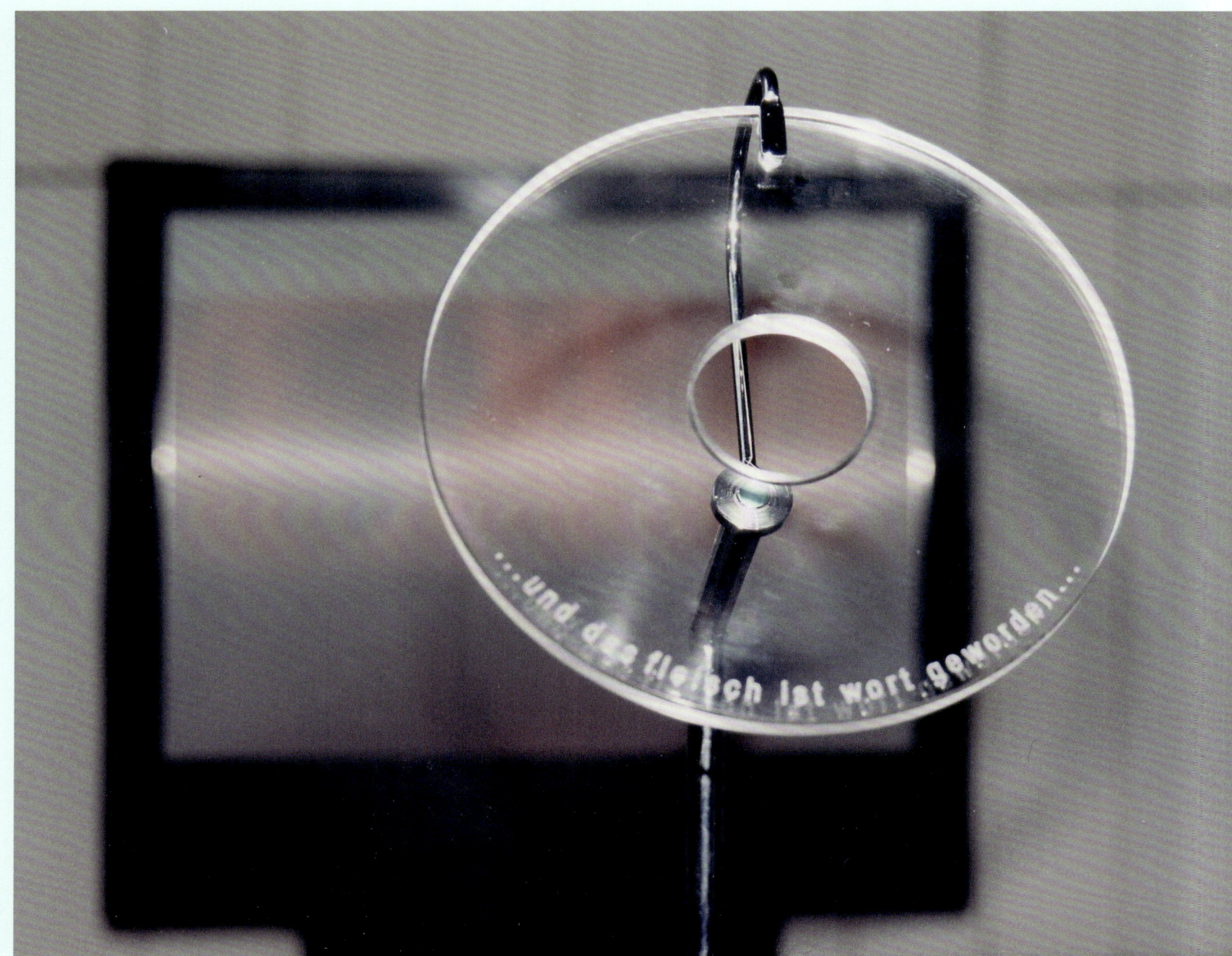

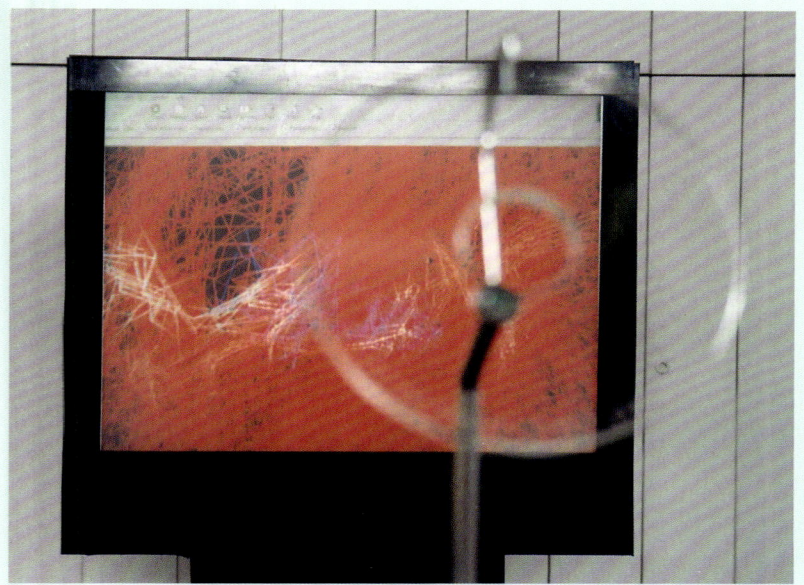

... UND DAS FLEISCH IST WORT GEWORDEN ...

bregenz / 1997

vom herzen des künstlers wurde ein professionelles mrt-bild erzeugt.
dieses 3d-herz wurde als rotierendes objekt ins internet gestellt und
konnte über ein mikrofon global angesprochen/beatmet werden.
allein der atem führte zu farblichen veränderungen in der struktur des
herzens und hinterließ pro user eine individuelle spur/information im
herzen des künstlers.

die optische täuschung bedient eine räumliche und zeit-
liche identifikation. fraktale körper addieren sich zu einer
komprimierten identität, die durch die realität wieder
aufgebrochen wurde. der abendländische kulturkreis
wurde erschüttert. dieser transzendente kulturleib, von
kriesche generiert, forderte den eigenen körper heraus,
aber auch den individuellen geist im prozess des medialen
verschwindens.

den realen zeitraum, in dem wir stehen, zu erfassen und
die größe der zeit und ihre ästhetische substanz zu begreifen, bedingt das heraustreten aus der vermessenen/
digitalisierten zeit. um die ästhetik der realen zeit wahrnehmen zu können, müssen wir die fragmentierte/digitali-
sierte zeit dehnen, das heißt, wir müssen die vorstellung
von der zeit an die verlorengegangene ewigkeit rückbin-
den, wir müssen die vergangenheit und die zukunft in
unser denken und handeln integrieren. dann ist es möglich,
aus der tiefe der zeit wert zu schöpfen und zwar auf allen
ebenen unseres kulturell geprägten daseins.

kriesche greift in seiner zusammenarbeit mit der kleinen
zeitung ganz das ikonografische der zeitenwende, versinn-
bildlicht im zyklisch wiederkehrenden osterwunder, auf
und überträgt dieses wunder in die mediale jetztzeit. 20/22
fritz reheis sagt: „um eine solche kultur der kreativen
langsamkeit zu schaffen, müssen wir unsere horizonte
erweitern und wieder begreifen, dass wir im großen
bogen der zeit nur ein punkt sind zwischen schöpfung
und ewigkeit. ... die zeit zum innehalten fehlt uns, die zeit
zur reflexion fehlt uns. zeitflexibilität wäre eben diese
kunst oder tugend, den blick nach hinten und nach vorne
immer wieder zu richten. aus der gegenwart heraus-
zutreten und die gegenwart als moment in einem
entwicklungsprozess zu begreifen, den der mensch als
vernunftwesen selbst steuern kann. wir müssen zeitelastizität lernen ..." (von lüpke, „tiefenzeit", 2021)
du bist nicht allein 24/26 als botschaft des vaters an den
sohn in der stunde des todes, aber auch an die christlich
konnotierte gesellschaft. zeitelastizität mittels der
erzählung vom tod als schnittstelle des lebendigen und
der ewigkeit.

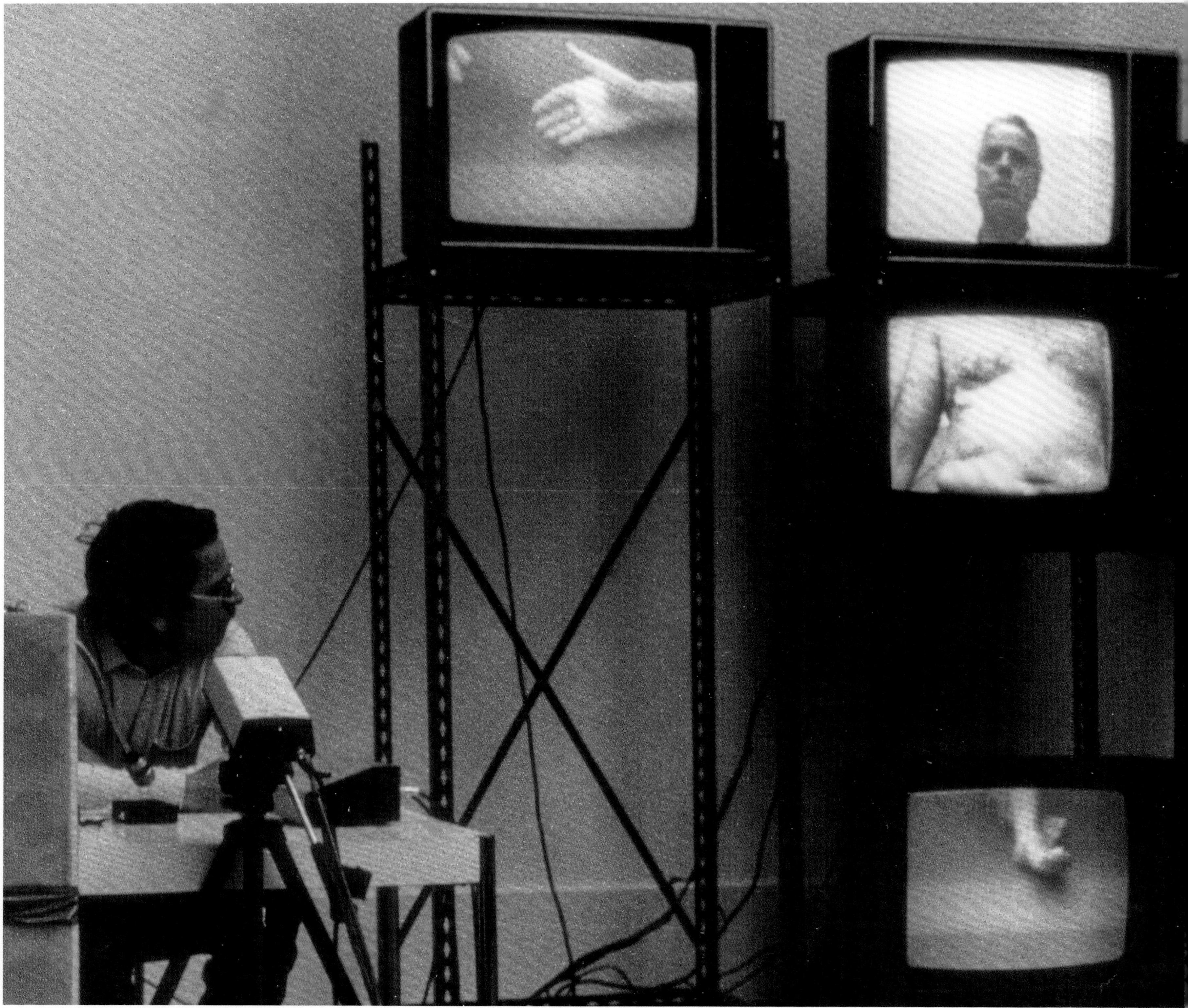

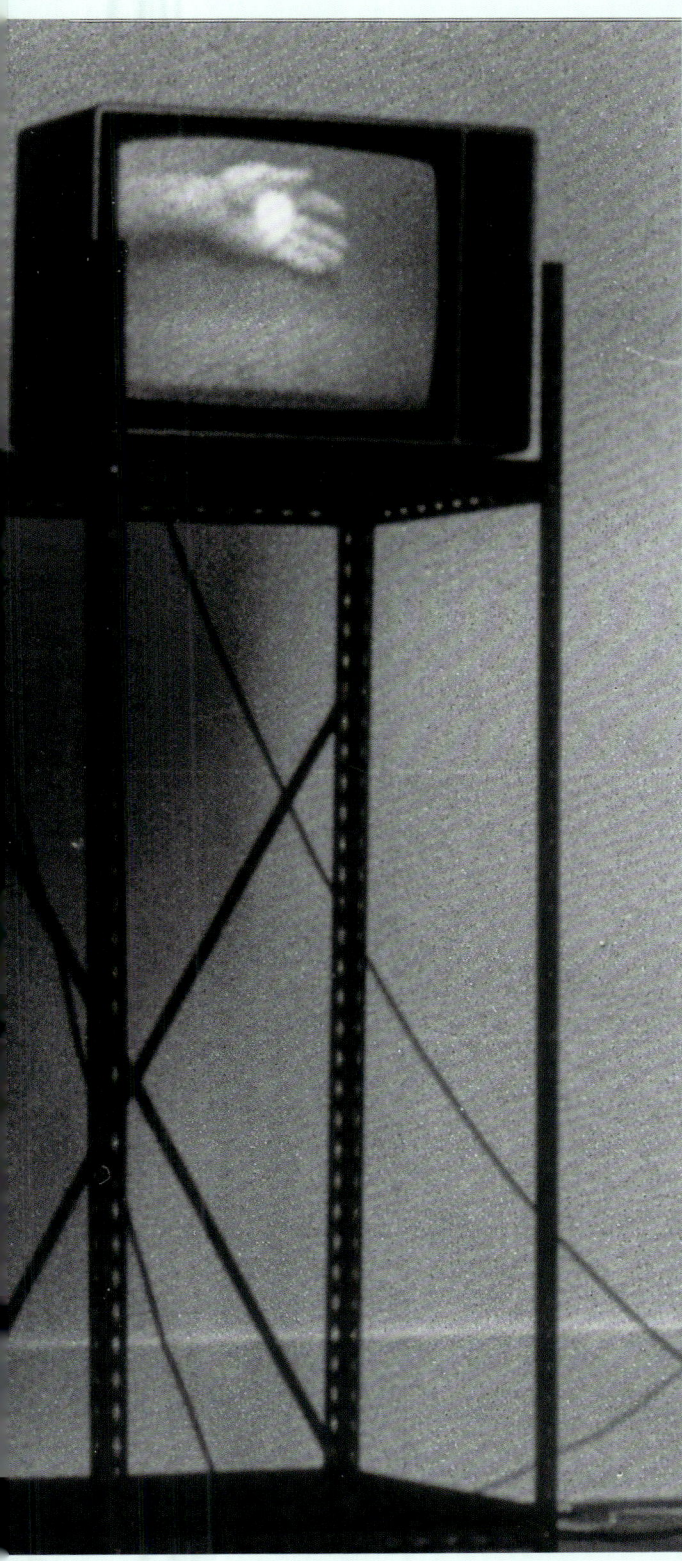

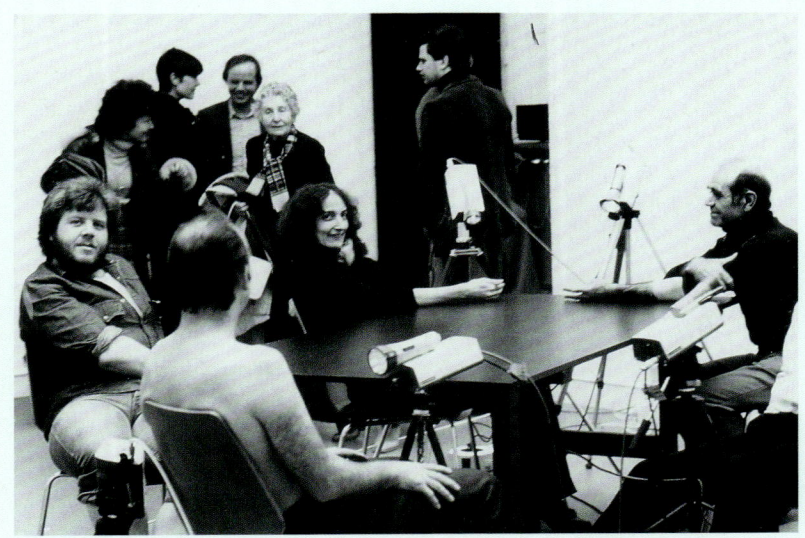

RICHARD JESUS / TELERAUM

videodemonstration / kunsthalle baden-baden / 1981

die installation bestand aus zwei räumen, raum 1: kriesche mit lesepult
und fünf monitoren und publikum, raum 2: fünf museumsangestellte,
fünf kameras, die jeweils einen körperteil in raum 1 übertragen. kriesche
hat eine fraktale situation künstlich zusammengehalten und damit nicht
nur die auflösung des körpers, sondern vor allem die auflösung des realen
sichtbar werden lassen.

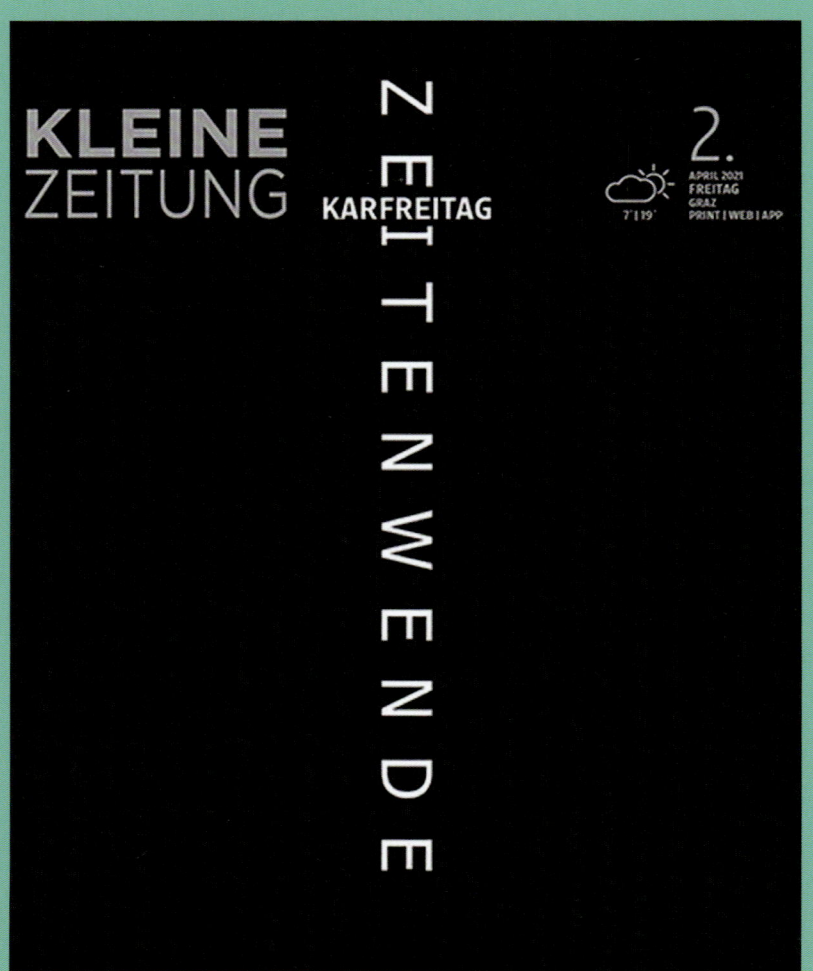

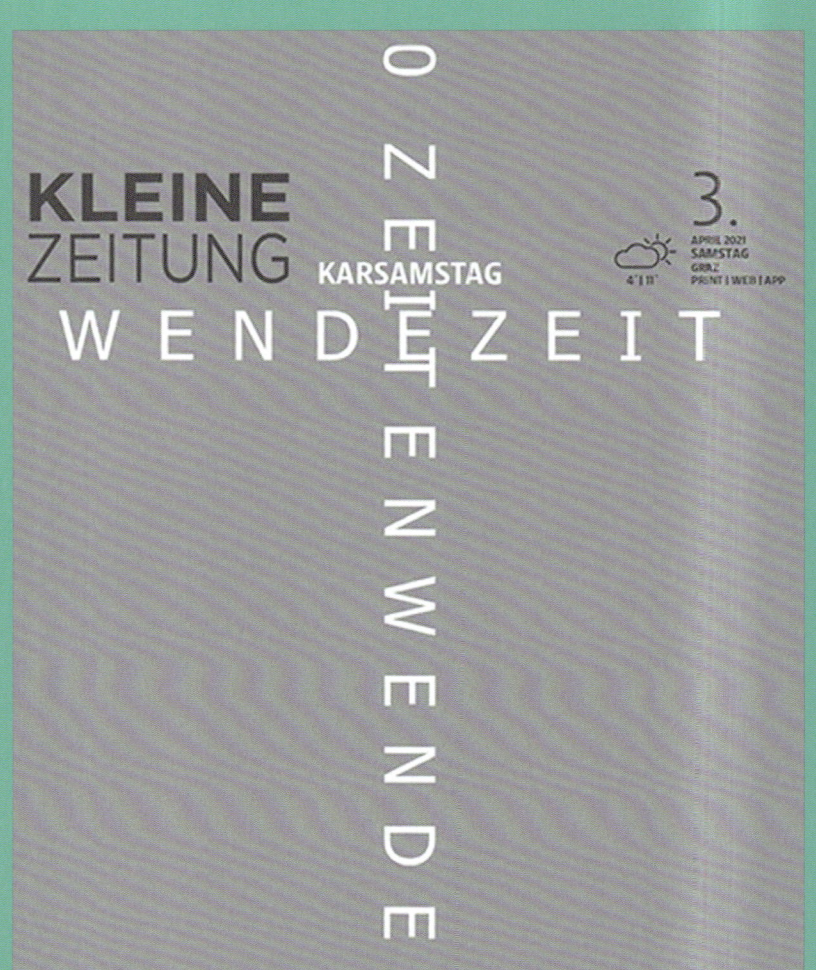

OSTERAUSGABE KLEINE ZEITUNG

kleine zeitung / graz / von 2007 bis 2021 und 2025

über mehrere jahre hinweg hat richard kriesche die osterausgaben
der kleinen zeitung von karfreitag bis ostersonntag kreiert.

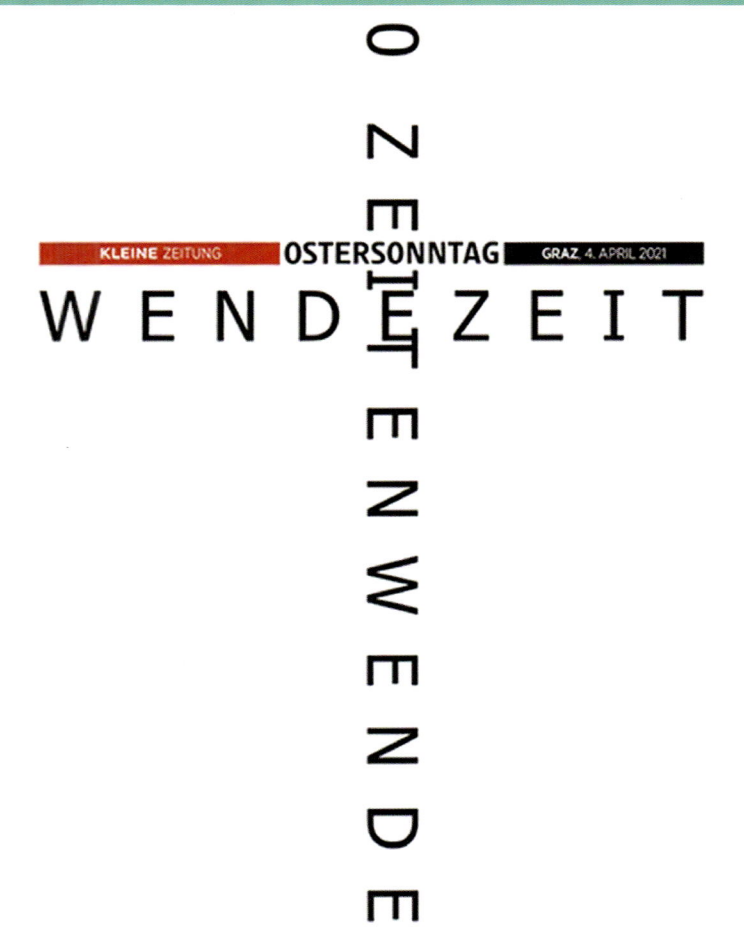

O

Z
E
I
T

WENDEZEIT

KLEINE ZEITUNG — OSTERSONNTAG — GRAZ, 4. APRIL 2021

E
N
W
E
N
D
E

dadurch wird die ästhetik der zeit für uns wieder durch-
lässiger. die kunst der jetztzeit basiert auf gleichzeitigkeit von produktion und kommunikation. dies versteht
sich nicht als künstlerischer akt im dialog von produktion
und rezeption, sondern es geht um das erkennen der
qualität des sozialen, des politischen, des wissenschaft-
lichen, des kulturellen und des spirituellen. diese qualitä-
ten bilden die substanz des uns umgebenden zeitraumes.
wie wir wissen, hat der mensch mittels der vermessung
der zeit eine konkret getaktete wahrnehmung von zeit
kreiert und diese mit hilfe technologischer mechanismen
und digitalismen in eine abstrakte und durch lichtgeschwindigkeit bis in eine nichtwahrnehmbarkeit überführt.
die erscheinungsbilder der zeit haben sich aufgelöst.
um die substanz der uns umgebenden zeit wahrnehmen
zu können, bedarf es ihrer dehnung. ein beispiel dafür
manifestiert sich im projekt **tv-tod 1/2/3.** [28] unterschiedliche realitätsebenen bewirkten hier unterschiedliche realitätswahrnehmungen.
die realität des schusses auf einen monitor bedingt
sowohl im medialen als auch im realen raum eine eigene
ästhetik. im fernsehbild verknüpften sich gegenwart,
wirklichkeit und wahrheit. wirklichkeits- und reflexions-
bedingungen wurden sichtbar. das publikum überprüfte
die eigene these von wirklichkeit, indem das loch/die
wunde im tv-gerät mit den fingern erfühlt wurde. es
überbrückte die physische trennung zum ereignis der
performance durch eine archaische handlung. die zeit
erfuhr eine dehnung innerhalb der performance, aber
auch eine dehnung hin zur christlichen historie.
die magie der zeitlichen dehnung wird auch im artwork
1 +1 =3 [30] über die korrektur im elektronischen raum
erfahrbar.

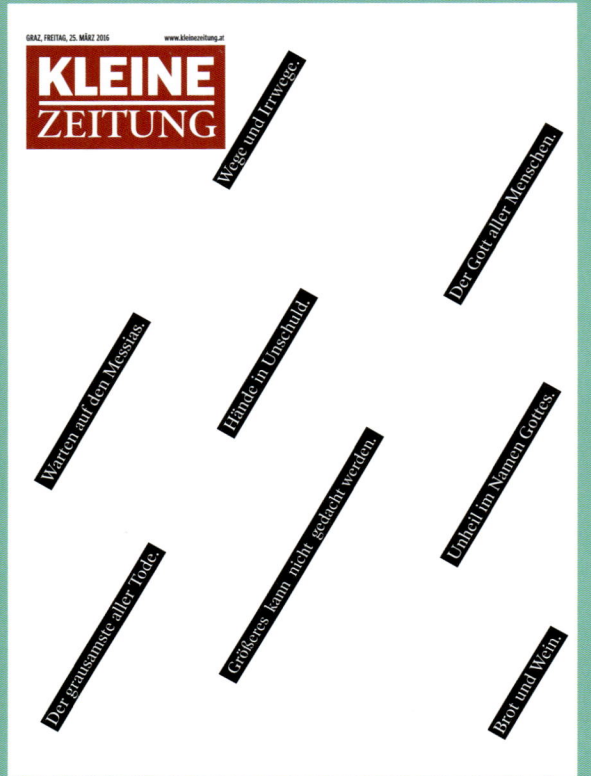
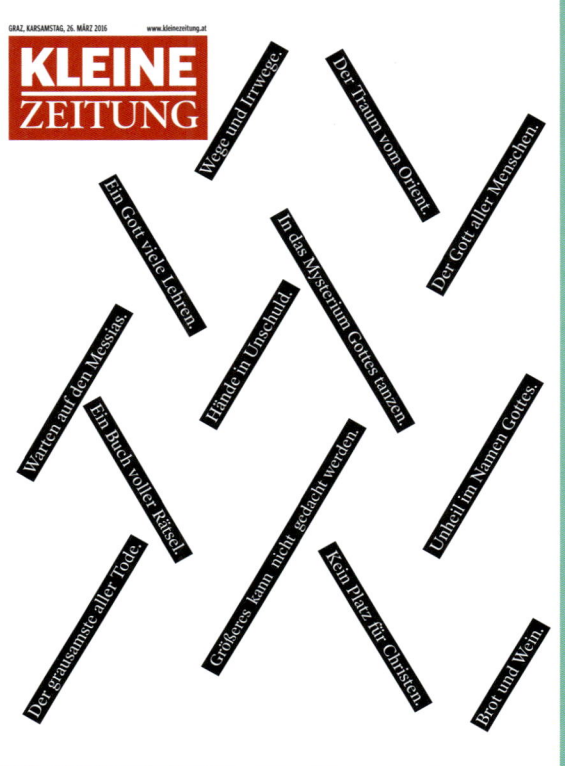
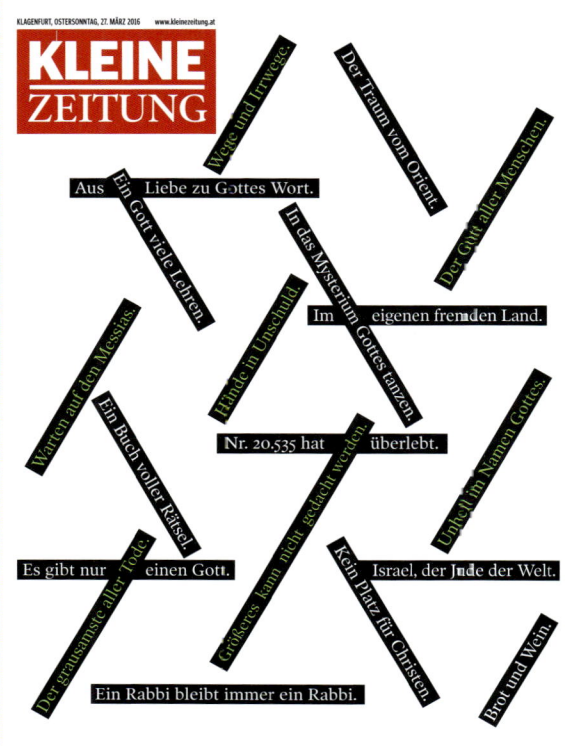

osterausgabe kleine zeitung

kleine zeitung / graz / von 2007 bis 2021 und 2025

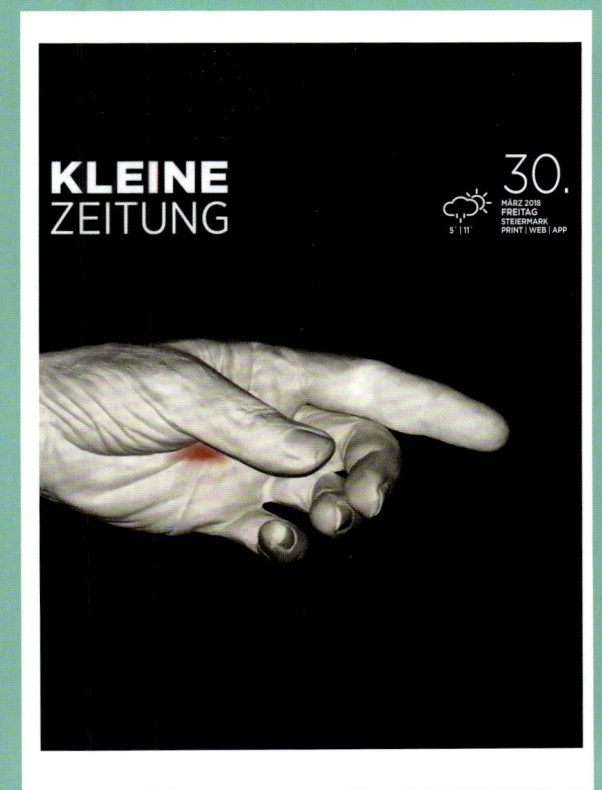

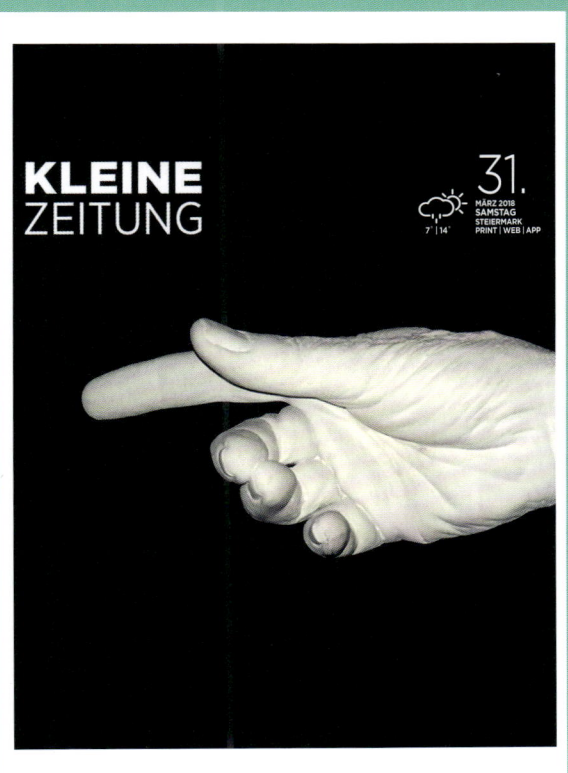

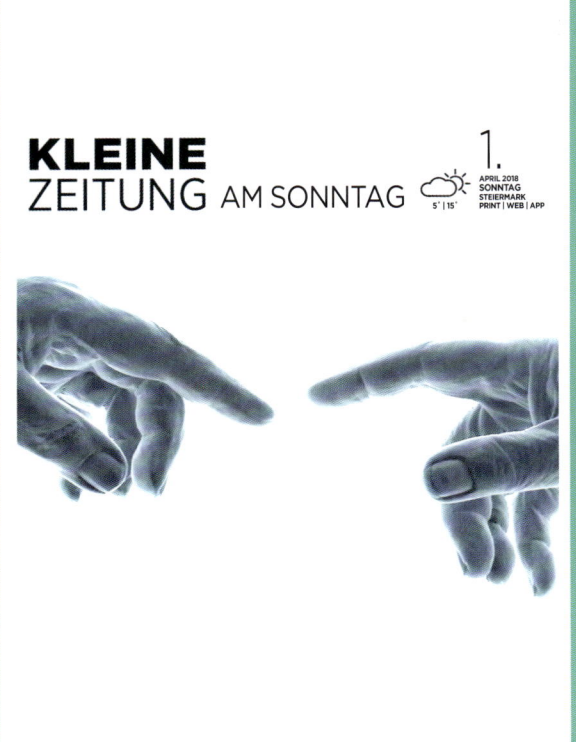

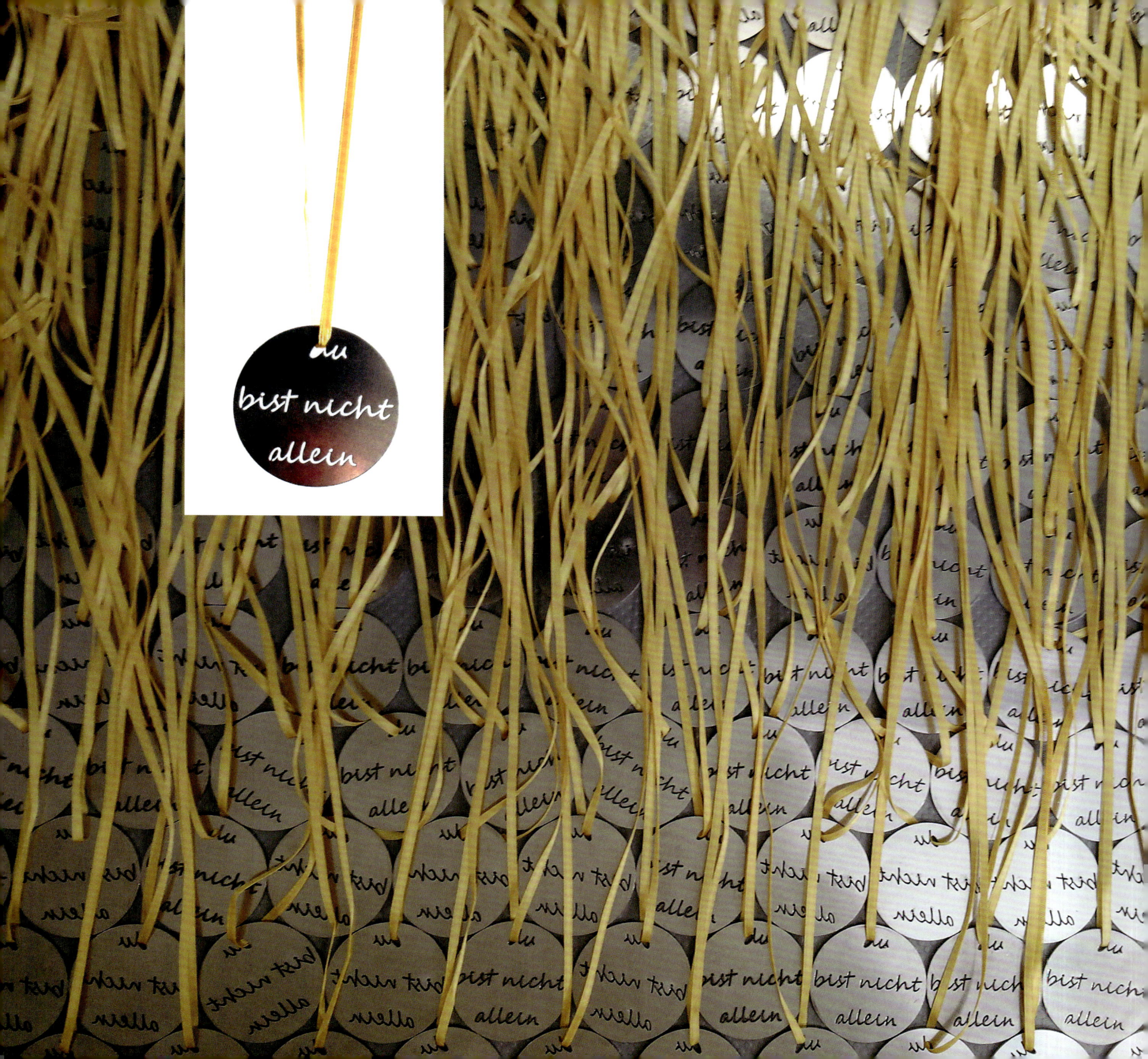

du
bist nicht
allein

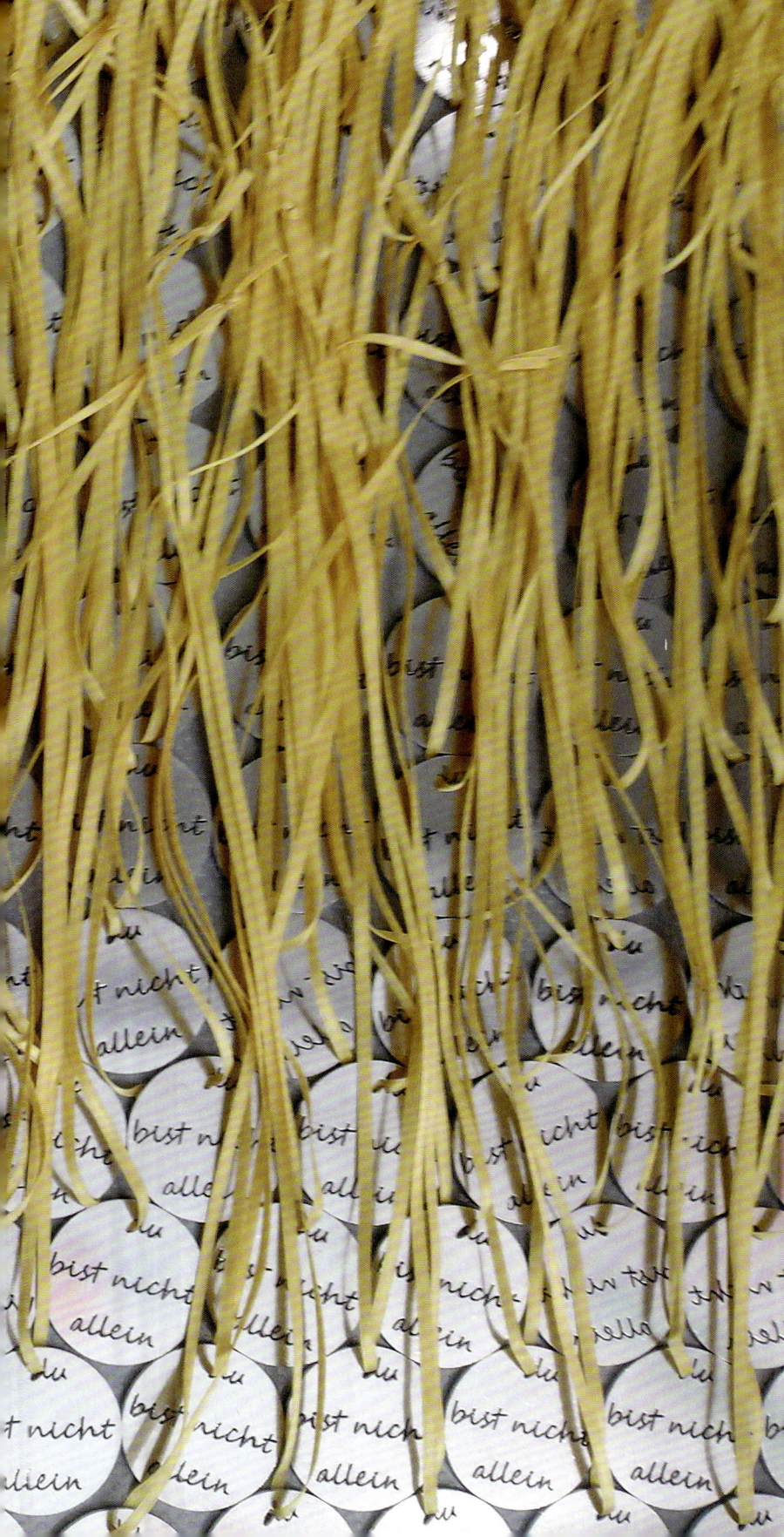

mediale und reale zeitverknüpfungen lassen im experiment **brainwork** [32] über komplexe systeme neue dimensionen sichtbar werden. innen- und außenräume verschmelzen in bildpunkten als definition von echtzeit.
das projekt **zwillinge** [34/36] greift dies auf. realität
entfaltet sich über die irritation in zeit und raum –
die lösung: ein zwillingspaar realisiert im sein die zeit-
gleiche vervielfältigung.
ebenfalls abweichende raumwelten wurden im projekt
blackout [38] über das zusammenschalten von sehen/
nicht-sehen im medium fernsehen zu einer bewussten
jetztzeit. der künstler trug eine schwarze augenbinde.
das nicht-sehen grenzte den künstler aus – er hat in
einen für ihn imaginären raum hinausgesprochen, gleichzeitig war es aber auch seine intention, das fernseh-
publikum in seinen zustand zu bringen, indem er den
kameramann aufforderte, immer näher an ihn heran-
zukommen, um letztlich eine schwarze bildschirmfläche
zu sehen, also nichts-mehr-zu-sehen. auf dieser
elektronisch-medialen ebene, so kriesche, befänden
sich erstmals rezipient und produzent in einem identen
realitätszustand – dem schwarzen bildschirm. durch die
aufhebung des abstandes zum visuellen erscheinungsbild
hätte sich das sichtbare in den elektronischen raum
zurückgezogen (dies wurde nicht erreicht, da der

DU BIST NICHT ALLEIN
_____

medaille / erinnerungsbotschaft / diözese graz / 2017

anlässlich der 800-jahr-feier der diözese graz seckau entwickelte kriesche
die erinnerungsmedaille **du bist nicht allein**, generiert aus dem aufschrei
jesu auf golgotha – „mein gott, mein gott, warum hast du mich verlassen!" –
zur erinnerung an die gemeinsame solidarische begegnung im rahmen der
jahresfeier. daraus entwickelte sich die gestaltung des kreuzes auf dem
himmelkogel. [27]

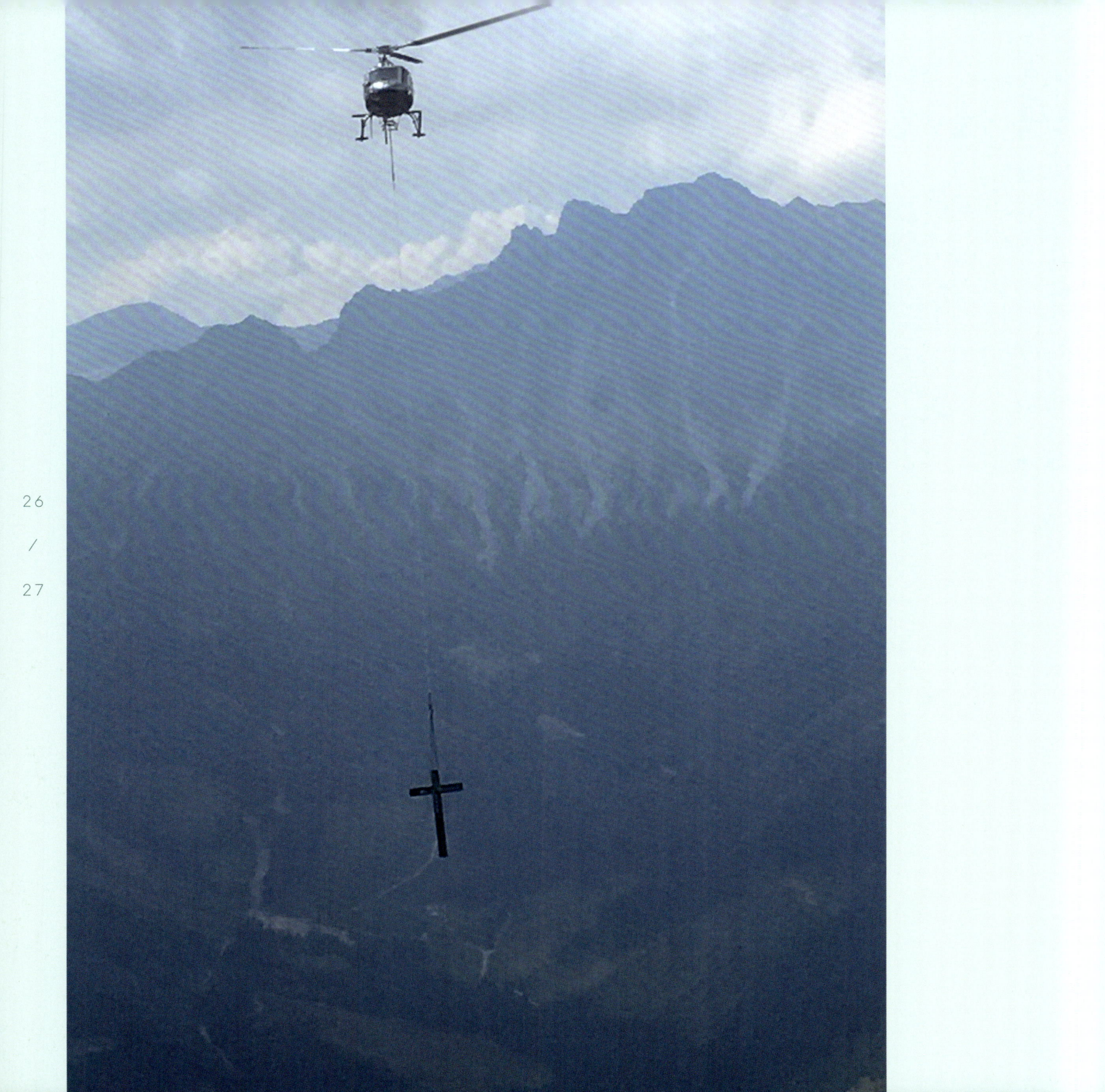

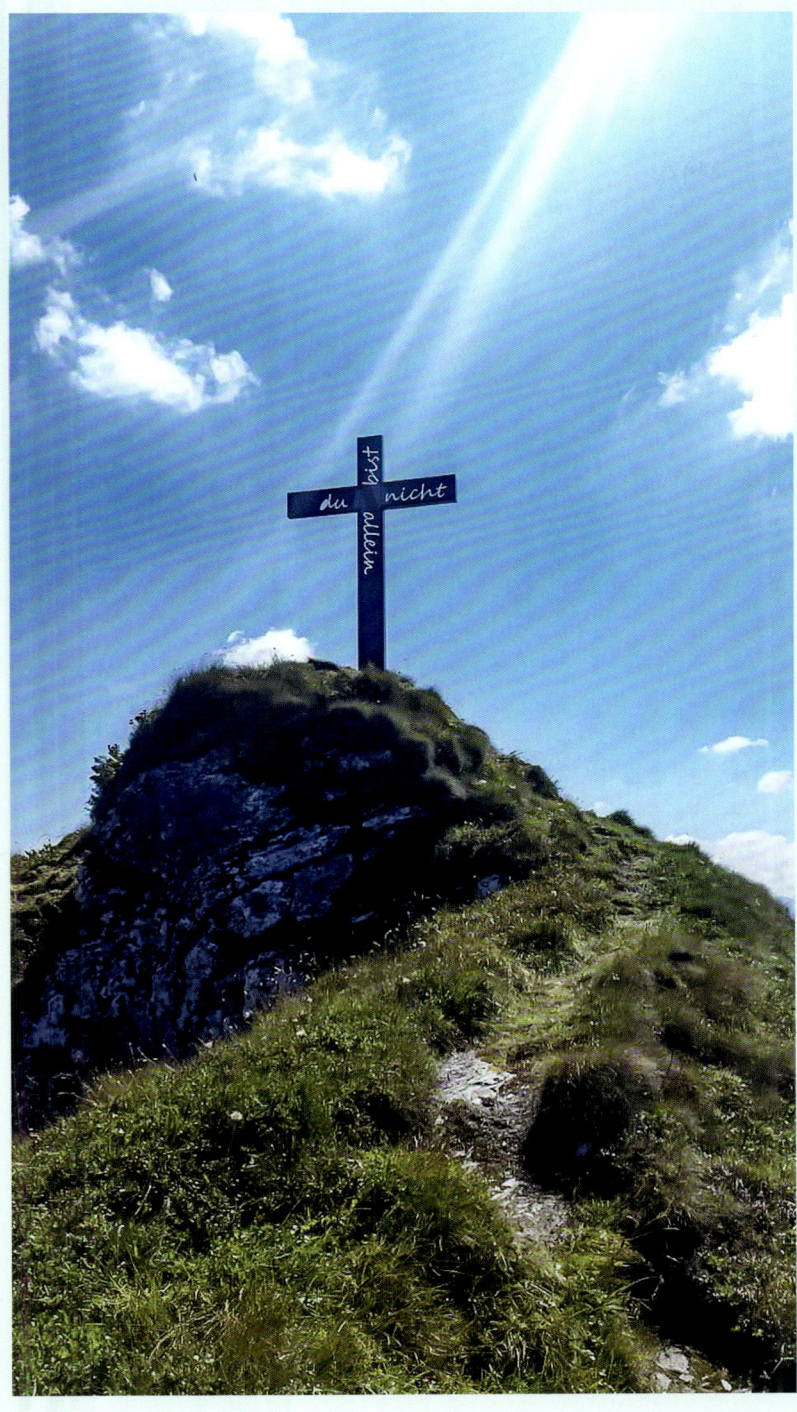

du bist nicht allein
gipfelkreuz himmelkogel / diözese graz / 2017

kameramann den anweisungen des künstlers nicht gänzlich nachkommen durfte). das raum-/zeitgefüge hätte sich auf das erreichen eines gleichgeschalteten nullpunktes im schwarz - also in der absoluten gegenwart - konzentriert.

die gegenwart als gesetzte gleichzeitigkeit von künstler, kunstobjekt, publikum und kunstraum wurde in dem projekt **art spectrum** 40 in einen zeitgedehnten prozess überführt. denn nicht nur die eintretenden sehen ein kunstobjekt, auch das kunstobjekt, der künstler selbst, sieht seinerseits die eintretenden. dieser prozess der gleichzeitigkeit wurde mittels des polaroids verdichtet. sobald das publikum einen am boden definierten, neutralen rahmen betrat, wurde das vermeintliche kunstobjekt aktiv, machte eine aufnahme, die danach einem rahmen um den künstler hinzugefügt wurde. die aufmerksamkeit des künstlers als auch die aufmerksamkeit des publikums richteten sich auf einen realen moment im jetzt.

kriesche legte auch in seinem projekt **videotime** 42/44 das sein in der zeit frei. im verdunkelten eisenbahnwaggon, um die äußere wirklichkeit der bahnfahrt auszublenden, wurde die gegenwart auf die größe des waggons gedehnt. diese gegenwart transformierte offensichtlich die momente der zukunft in die der vergangenheit. eine stillstehende uhr verhinderte die möglichkeit der visuellen zeitvermessung. der zufall unterstützte die demonstration von realität - ein bautrupp, der von der in die zukunft gerichteten kamera visuell erfasst und auf den monitor im inneren des waggons übertragen wurde, sprang nach überwindung der gegenwart auf den monitor, der die vergangenheit visualisierte.

telematische skulptur 4 46/48 zeigt die komplexität der zeitlichen und räumlichen wahrnehmung/nicht-wahrnehmung des menschen.

die materialität: ein industriell gefertigtes förderband wurde mit einer darauf liegenden eisenbahnschiene in augenhöhe positioniert. an einem ende der schiene war ein computermonitor fix mit ihr verbunden. diese schiene bewegte sich für das freie auge unmerklich auf eine wand des österreichischen pavillons zu.

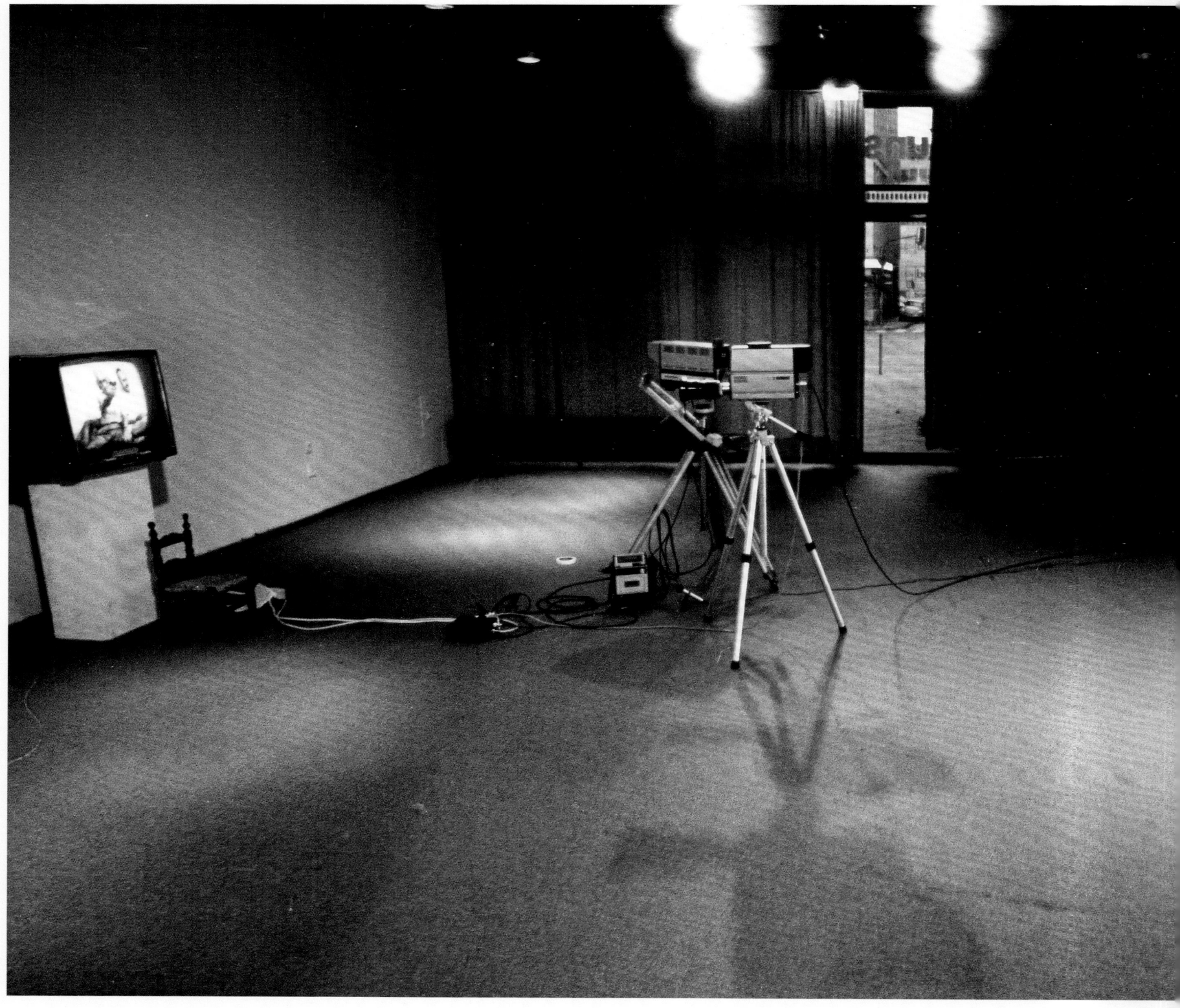

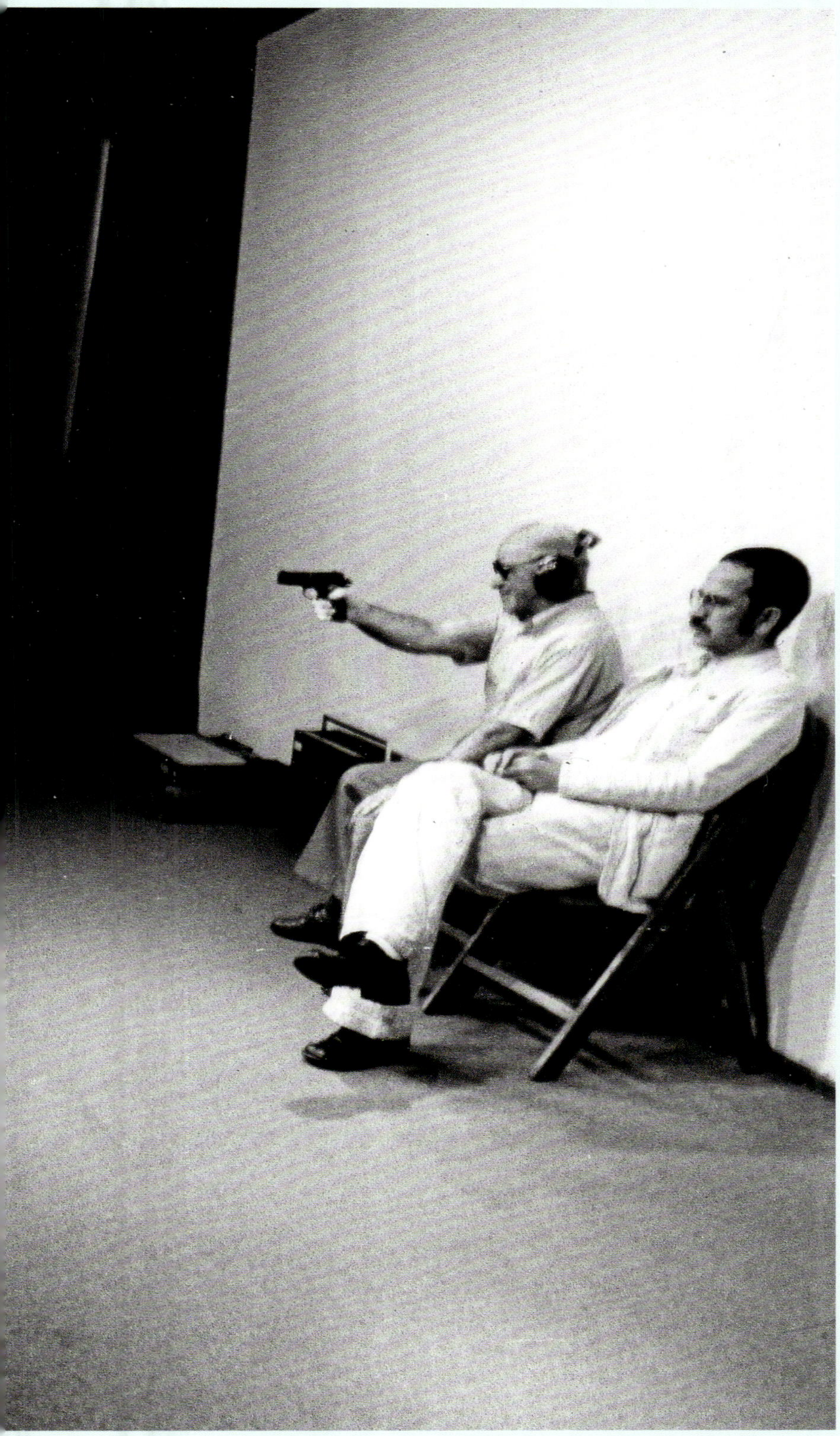

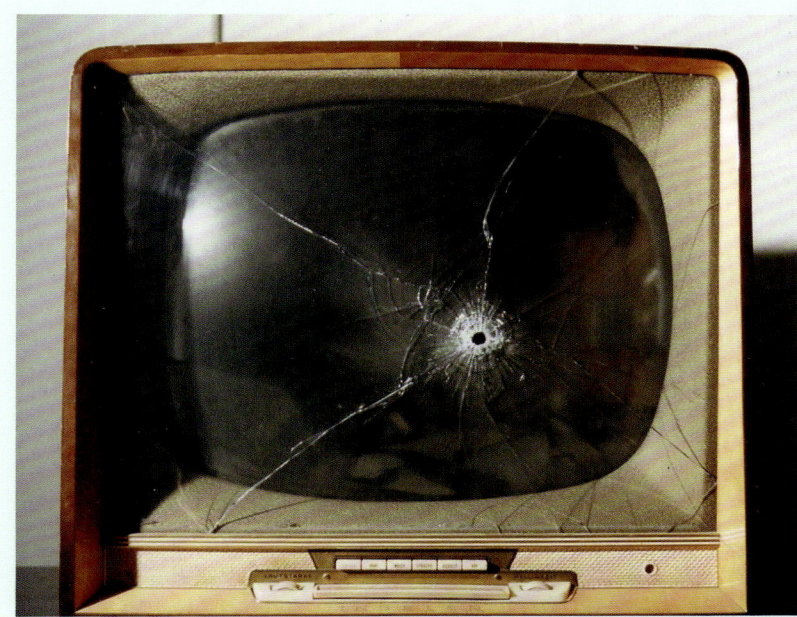

tv-tod 1/2/3
durch die enthüllung von monitor 1 erschien auf diesem, somit auf monitor 2, das bild von einem assistenten und dem künstler. während der demonstration wurde ein auf die demonstration bezogener text wiedergegeben. der assistent richtete eine pistole auf monitor 1 und zerschoss den bildschirm. monitor 2 zeigte den zerschossenen monitor 1. die wirklichkeit (der schuss) zerstörte die mediale wirklichkeit auf bildschirm 1 und wurde zur medialen wirklichkeit auf bildschirm 2. der schuss machte wirklichkeiten sichtbar.

TV-TOD 1/2/3
----

galerie stampa, basel, 1975 / kölnischer kunstverein, 1975 / generali foundation wien, 2000

in einem ausstellungsraum befanden sich zwei videosysteme. ein monitor war mit einem tuch verhüllt. die kamera zu diesem monitor war auf einen assistenten und den künstler gerichtet. die andere kamera war auf den verhüllten monitor gerichtet. das bild des verhüllten monitors wurde in einen anderen raum auf monitor 2 für die zuschauer übertragen.

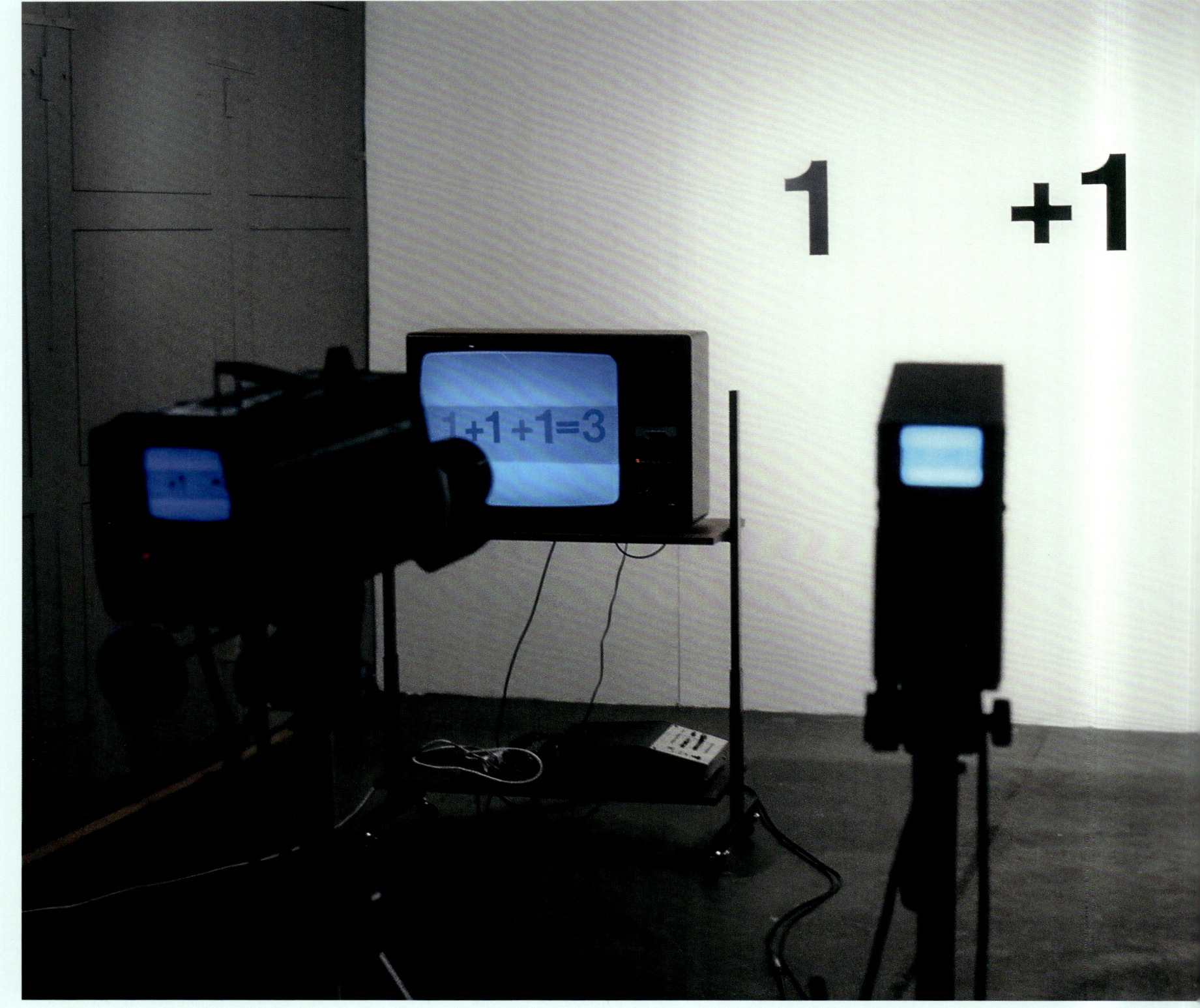

=3

die information: der mit der eisenbahnschiene fix ver-
bundene bildschirm zeigte die statusinformation der
telematischen skulptur 4 in raum und zeit an.
die telematik: die skulptur war mittels eines modems mit
dem internet verbunden. unter http://iis. joanneum.ac.at/
kriesche/biennale95.html bewegte sich erstmals in der
geschichte der biennale ein reales kunstwerk im internet. ein globales publikum konnte sich in das kunstwerk
einloggen und generierte dadurch unterschiedliche daten-
ströme im www. diese bewirkten beschleunigung oder
verzögerung der bewegung der skulptur. ein einloggen
brachte die skulptur für einen augenblick zum stillstand.
die dauer: die telematische skulptur 4 wurde dem informa-
tionsfluss entsprechend in dauernder bewegung gehalten.
diese bewegung in permanenz – das zentrale informelle
paradigma – bestimmte sich einerseits durch die bewegung der information in annäherung an die absolute
lichtgeschwindigkeit, sichtbar auf dem bildschirm, und
andererseits, unsichtbar, als bewegung der eisenbahnschiene, in annäherung an die bewegungslosigkeit.
der raum: die geschwindigkeit des informationsflusses
ließ den raum zu einem punkt schrumpfen, gleichzeitig
ließ die in der telematischen skulptur 4 gespeicherte
information die fesseln des sie umgebenden raumes
sprengen. elf tage vor ende der biennale durchstieß die
skulptur die wand des österreichischen pavillons.
edersgraben 50 als skulptur in der zeit beschreibt ein
objekt des erinnerns/des nicht-erinnerns. der schützengraben als synonym des unvorstellbaren/der katastrophe

1   +1   =3
_____

galerie stampa / basel / 1982

realität versus medienrealität: durch die exakte positionierung zweier
kameras kam es im elektronischen raum zur korrektur des realen raumes.
indem der künstler eine fehlerhafte mathematische gleichung aus dem
realen raum in den elektronisch-medialen verschoben hat, wurde sie
richtiggestellt.

BRAINWORK
————————

1980

eine humane skulptur: das gehirn, das als geschlossenes system verstanden wird, ständig aber eine verknüpfung zwischen außenwelt und innenwelt erstellt, wurde als bilderzeugendes medium sichtbar. der kreative prozess, der in der nicht-aufmerksamkeit (alpha-rhythmus) beruht und daher bild-gebend war, wurde durch aufmerksamkeit (beta-rhythmus) zunichte gemacht. diese körper-techno-maschine bildete eine metapher für das selbst. die abfolge subjektiver entspannung und anspannung bestimmte die größe des visualisierten selbst. **brainwork** drang in den digitalisierten raum ein und ließ subjektive denkvorgänge sichtbar werden - der innenraum (subjektiver gehirnraum) wurde eins mit dem digitalen raum (elektronischen bildraum) und ging in der intro- und extrospektion des subjektiven gesichtes auf.

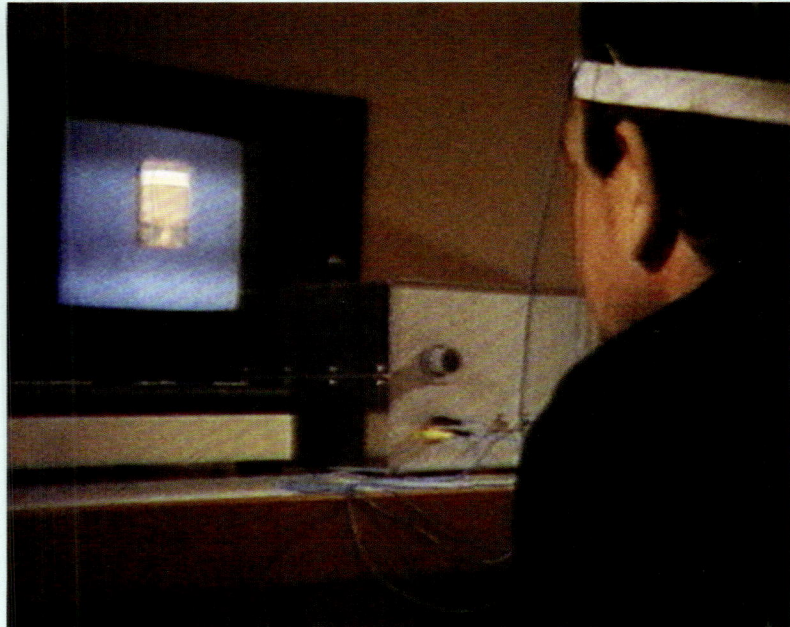

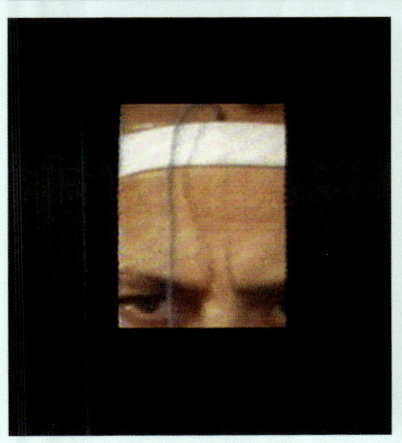
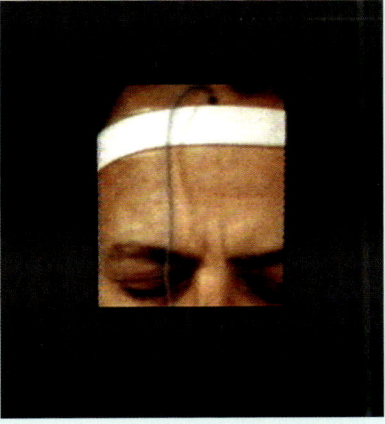

entwickelt den raum in eine historische wirklichkeit. historisches bewusstsein hält soziale gefüge in bewegung. kollektives erinnern ermöglicht emotionale teilhabe, damit entwickelt kollektives gedächtnis ein kollektives zeitbewusstsein.

dieses zeitbewusstsein kann auch über die kraft der natur sichtbar werden. nicht das zyklische dominiert **humanic – faktisch richard** 52, sondern das simultane, die gleichzeitigkeit realer abläufe – die veränderung des erscheinungsbildes einer von tauben geformten, lebenden skulptur auf dem markusplatz in venedig.

dieser werbespot, der den grundstein für eine mehrjährige zusammenarbeit mit dem wirtschaftsunternehmen humanic bildete, verweist auch auf eine weitere domäne im werk richard kriesches, auf die unternehmensästhetik. eine völlig neue sichtweise wurde hier vom künstler hinsichtlich der künstlerischen und unternehmerischen auffassung entwickelt (zur unternehmensästhetik siehe seite 64).

die simultanität in lichtgeschwindigkeit wird mittels der ästhetisierung des kapitals erfahrbar. dabei geht es nicht um die reale schönheit von zahlungsmitteln, es geht vielmehr um die dehnung kultureller werteinheiten in zeit und raum. **capital + code** 54 visualisiert charts, die mit kulturellen werteinheiten aufgeladen und auf reale kunstwerke projiziert wurden. die kunstwerte der kunstwerke wurden durch den visualisierten kapitalwert ständig neu definiert.

2008 erfuhr dieses konzept im kunsthaus graz eine erweiterung. online charts wurden von videoprojektoren, die den kunstraum mittels förderbändern durchschnitten, dynamisiert. der reale raum sowie der datenraum wurden über informationsströme und kapitalströme aufgelöst. die dynamisierung realer daten generierte das phänomen der ungewissheit, das auch dem wesen der kunst innewohnt.

das kapital als sozialer, politischer, kultureller, spiritueller raum/zeitraum dynamisiert den menschen – im werk **in god we trust** 56 als definiertes vertrauen in raum, zeit und wert.

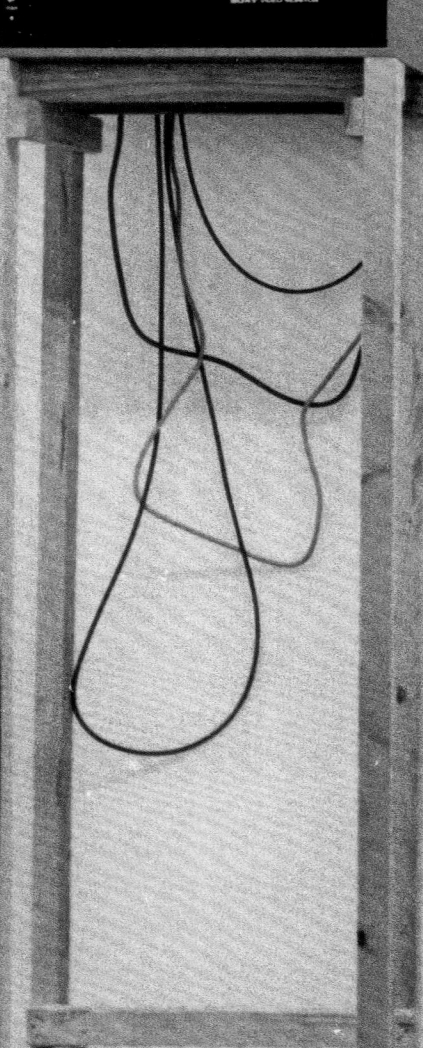

von den meisten geschäftsleuten wird erwartet, daß
more businessmen are expected to be in umpteen

sie sich gleichzeitig an x-beliebigen orten befinden.
places at once *(tudor yearbook 1977-100)*.

das *(der)* reproduzierte kunstwerk *(mensch)* wird in
the reproduced work of art *(man)* is becoming more

immer steigendem maße die reproduktion eines auf
and more the reproduction of a work of art *(man)*

reproduzierbarkeit angelegten kunstwerkes *(menschen)*.
conceived for reproduction.

walter benjamin *(richard kriesche)*

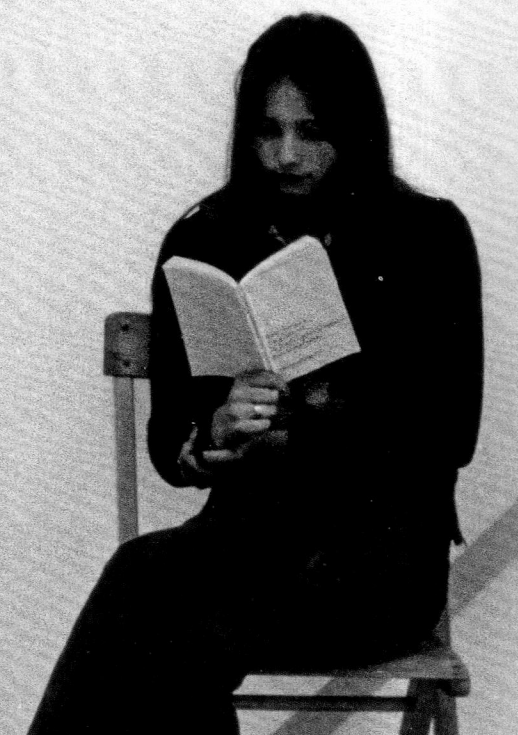

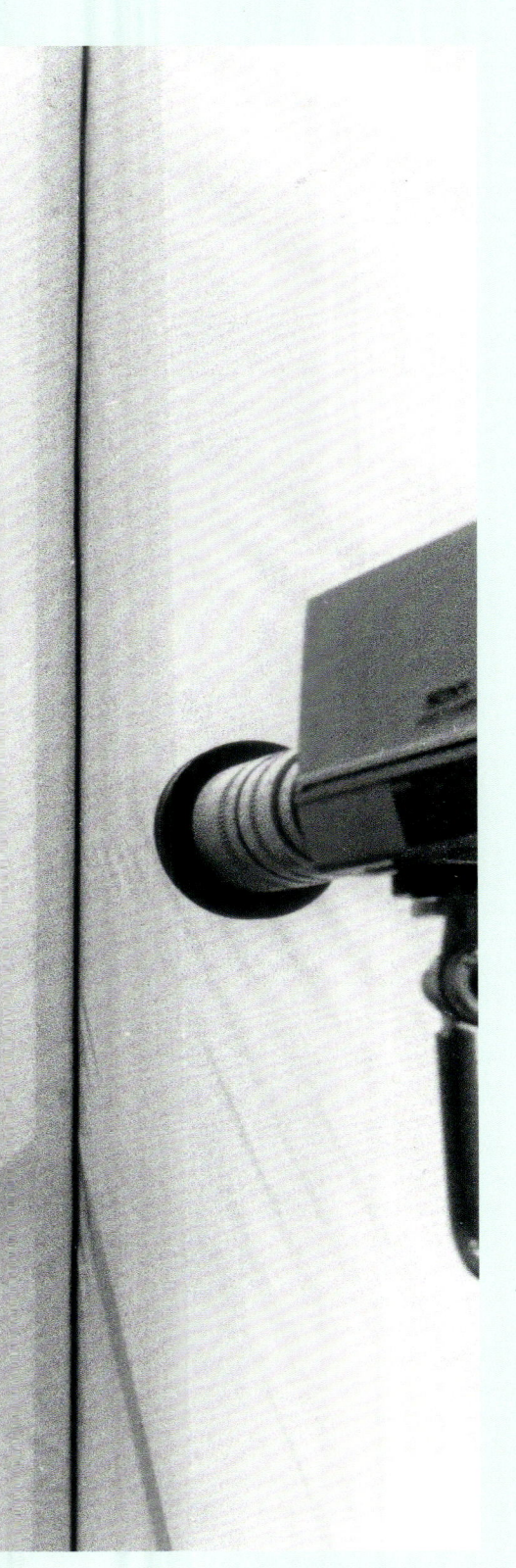

im projekt **kunstbankomat** ⑤⑧ erfährt geld eine essenzielle erweiterung. die klassische funktion eines bankomaten wird über die persönliche interaktion der geldabhebung zu einem sozialen kunstwerk der finanzindustrie transformiert. entsprechend dem soziokulturellen konzept kriesches wurde die finanzielle transaktion über den kunstbankomaten mit einer kunstförderung vernetzt:

text 1: ohne sicherheit / keine freiheit / sicherheit / lässt / sich / nicht / herstellen, / wenn / jeder / sie / nur / für / sich / alleine / denkt

text 2: heben sie ab für kunst und kultur! mit jeder behebung unterstützt die raiffeisen landesbank steiermark kunst- und kulturschaffende des landes mit 10 cent.

text 3: ohne freiheit / keine sicherheit / freiheit / lässt / sich / nicht / verwirklichen, / wenn / man / sie / nur / auf / sich / selbst / bezieht.

kriesche führt in seinem werk immer wieder komplexe, ineinandergreifende, gesellschaftsbildende thesen zusammen. er deckt nicht wahrnehmbare raum-/zeitbezüge der alltagswirklichkeit auf und stellt sie zur diskussion. sein forschen basiert auf der forschung, sein entwickeln basiert auf der entwicklung sozialer, politischer, wissenschaftlicher, kultureller, ökonomischer erkenntnisse, die über die kunst wahrnehmbare dehnung erfahren. kriesche spricht von ästhetik versus asthetik und meint damit: „betrachtet man die traditionelle ästhetik im kontext der informationsmoderne, so steht

ZWILLINGE

videoinstallation (zwei kameras, zwei monitore, ein zwillingspaar und texttafeln) / documenta 6 / kassel / 1977

in zwei vollkommen identischen räumen saß jeweils ein zwilling und las walter benjamins buch „das kunstwerk im zeitalter seiner technischen reproduzierbarkeit". die kameras nahmen die situationen auf und übertrugen die bilder in den jeweils anderen raum. die reproduktion der natur - zwei identische situationen - waren real nicht identisch.

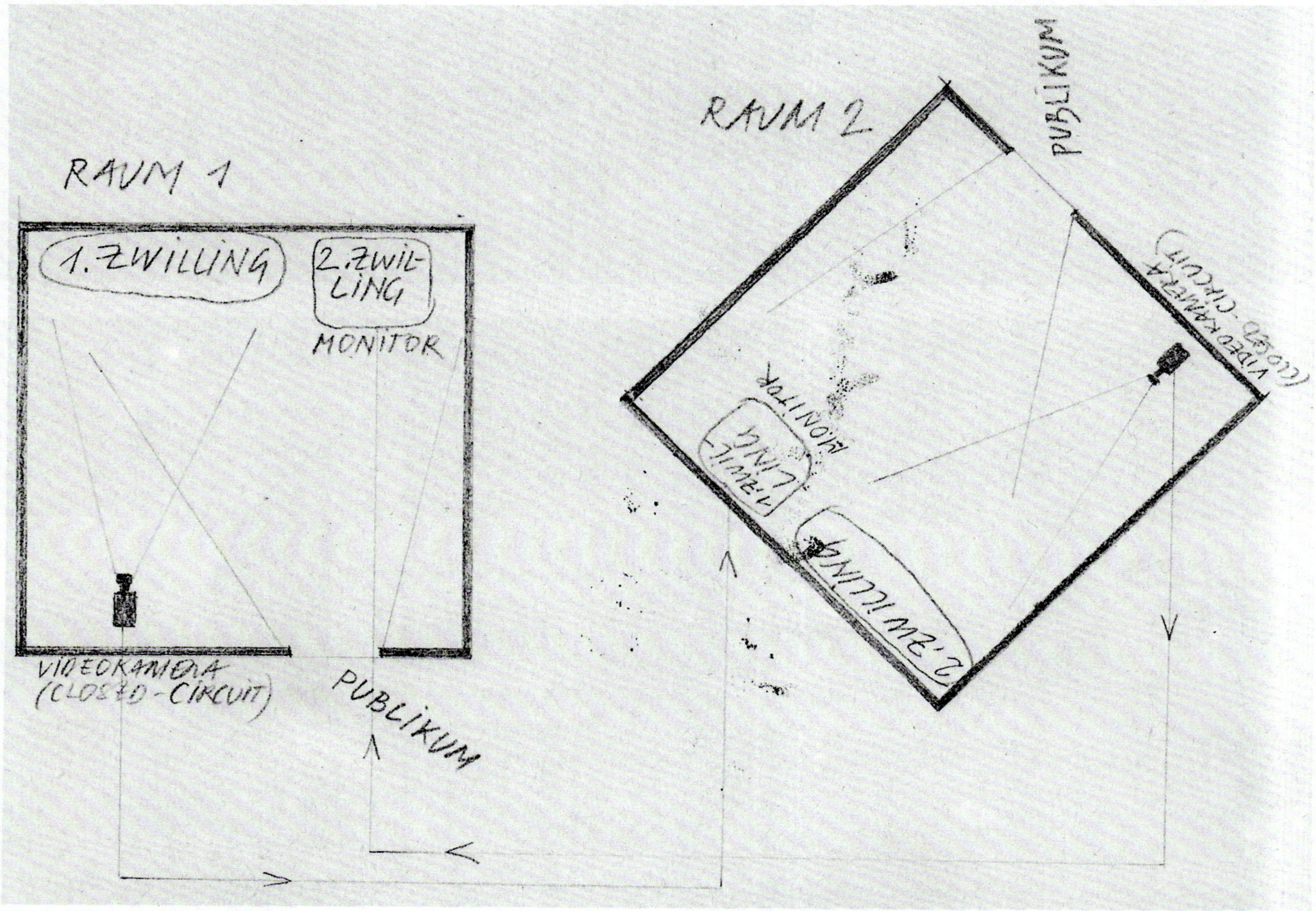

RAUM 1

1. ZWILLING   2. ZWIL-
                LING
            MONITOR

VIDEOKAMERA
(CLOSED-CIRCUIT)   PUBLIKUM

RAUM 2   PUBLIKUM

VIDEOKAMERA
(CLOSED-CIRCUIT)

2. ZWILLING
LING
MONITOR

2. ZWILLING

36
/
37

zwillinge
raumskizze und zwillinge vor ort / documenta 6 / kassel / 1977

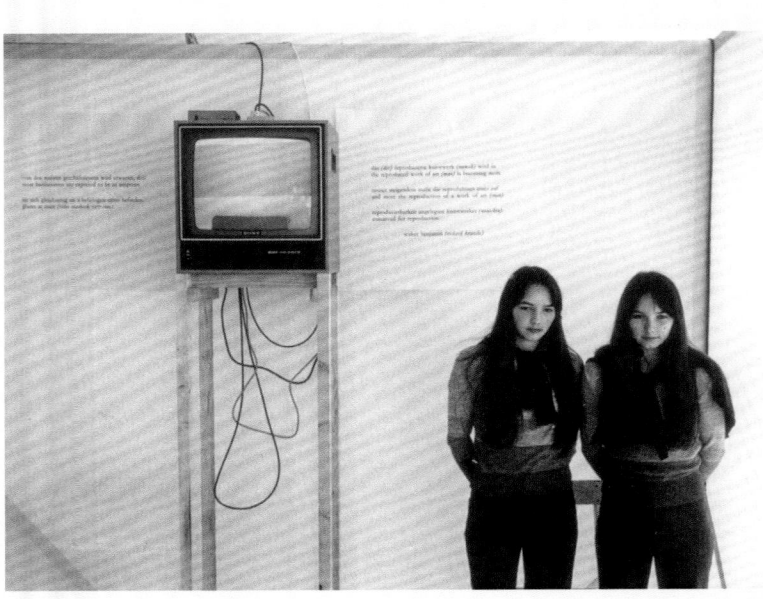

sie durch den verlust der wahrnehmbarkeit von wirklichkeit an ihrem ende. ihr ende haben nicht nur die wissenschaften und künste signalisiert, ihr ende ist ebenso in der alltagswirklichkeit deutlich, da sich unseren sinnen lebensrelevante prozesse der unmittelbaren wahrnehmung verschlossen haben, dass mittels unserer wahrnehmung nichts mehr für wahr-genommen, nichts in erfahrung gebracht werden kann. das ende der traditionellen ästhetik ist die aussage darüber, dass weltwirklichkeit in ihrer hohen maschinenzentrierten komplexität nur technisch-technologisch registriert und außerästhetisch wahrgenommen werden kann. diese phasenlage bezeichne ich als die a-sthetische. das a-sthetische findet sich nicht in bildern (texten, tönen, objekten, etc., erst recht nicht in der äußeren natur), sondern in der wahrnehmung über die wahrnehmung, sie manifestiert sich in bildern, d. h. im bilden von bildern, im hervorbringen von anschauungen. schauplätze des a-sthetischen sind nicht bilder, objekte, sounds der außenwelt, sondern sie liegen einzig und allein in unserem eigenen körper, vornehmlich in unserem gehirn."
(konrad/kriesche, „kunst, wissenschaft, kommunikation", 2000, bd. 2: kommunikation, s.15)

ein kunst-/forschungsprojekt, das diese these fundamental dokumentiert ist **avl : drivability.** [60] über eine simulierte autofahrt innerhalb eines definierten kunstraumes (im schloss eggenberg graz) zieht sich der mensch in den virtuellen raum zurück, um wirklichkeit zu erfahren. zeit und raum verschmelzen in einem punkt, in der individuellen wahrnehmung des einzelnen.

die unendlichkeit zeitlicher abfolgen, getragen im projekt **robotics – ein weltmodell** [62] kriesches, schließt konsequent den gedankenkreis der vorliegenden ausführungen. kriesche beschreibt in seinem werk vielschichtige dimensionen gesellschaftsprägender faktoren. die substanz der zeit, die seinen artworks innewohnt, eröffnet den blick auf ein großes ganzes, das im laufe der zeit und in die zukunft hinein immer wieder neu gedacht und reflektiert werden kann und dadurch die vision des menschen in raum und zeit kreiert. ¶

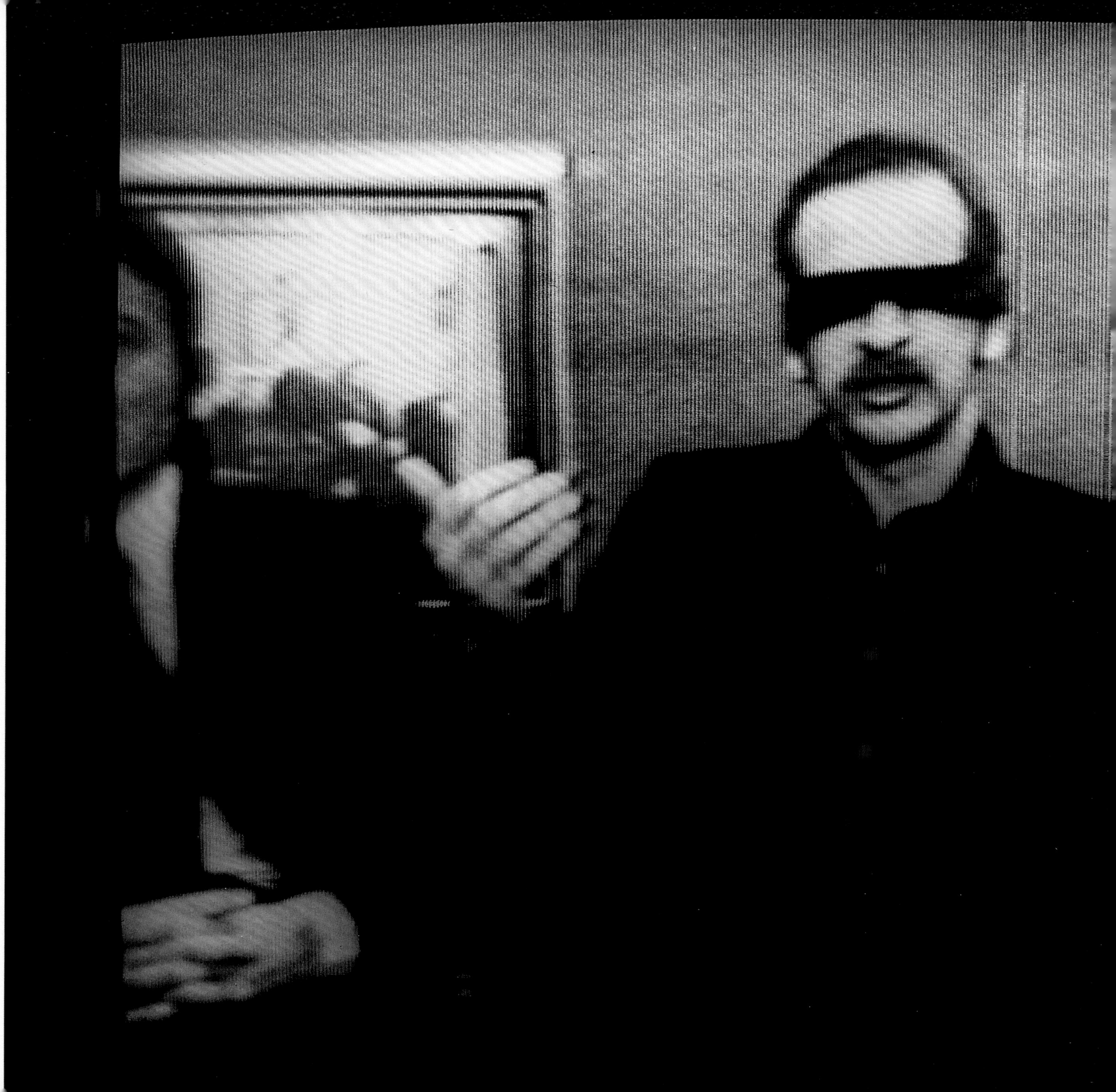

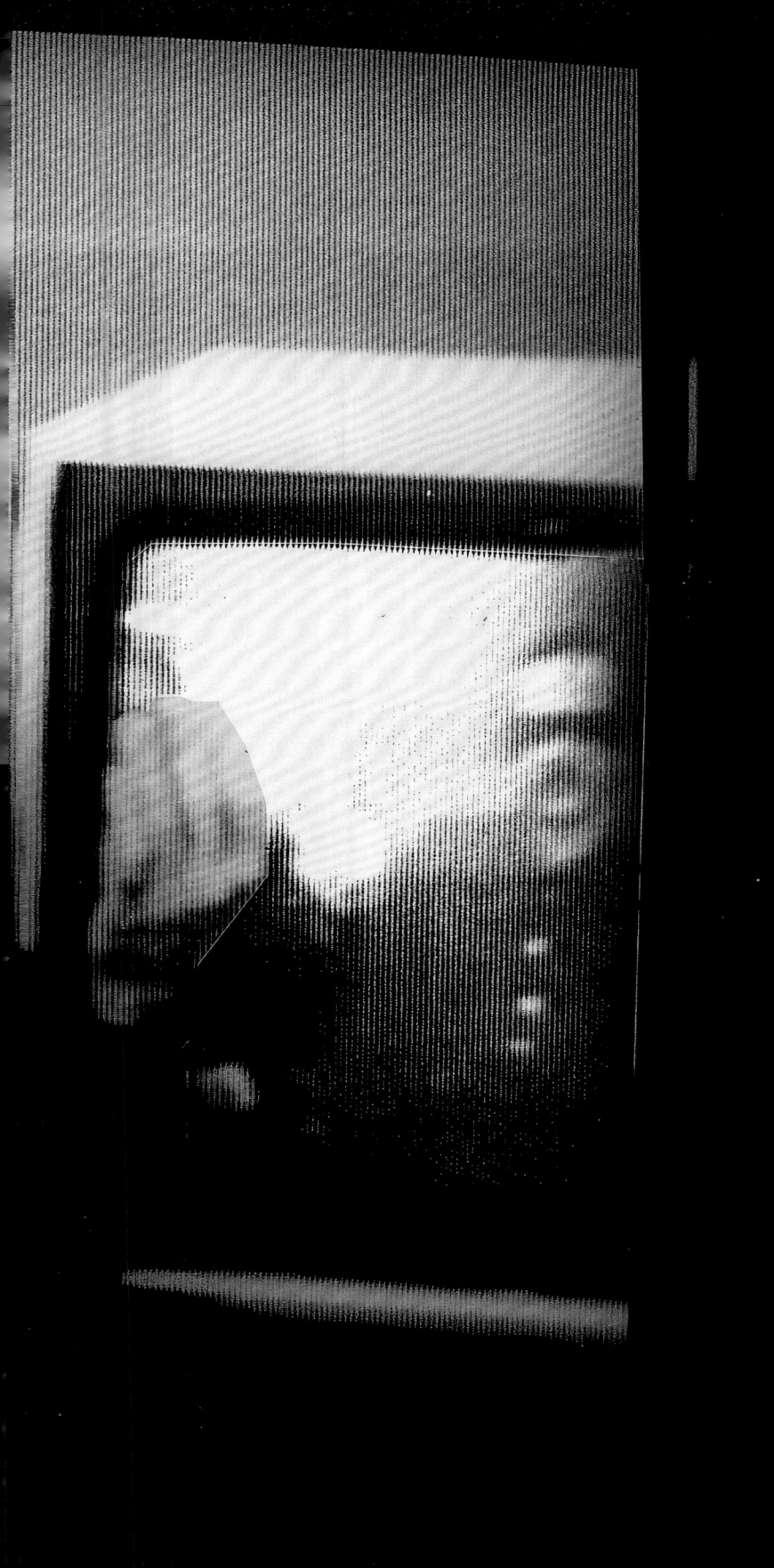

AN UNFOLDING IN TIME – THE SUBSTANCE OF TIME AND SPACE IN THE WORK OF RICHARD KRIESCHE

ASTRID BECKSTEINER-RASCHE

from a cultural-historical perspective, time's progress points to a cyclical understanding of time. the manifest attributes of earthly life were constituted by nature's recurring processes, the immeasurable, the mysticism of the eternal. constant repetition and change rhythmized the conception of passing time. only the possibility of mechanically measuring time, the invention of chrono-metric systems, marked a profound shift in time's direc-tion. out of the ever-recurring circular shape shot the dynamic arrow of temporal flows. this gave rise to a huge acceleration in processes. quality of time was trans-formed into quantity of time (time=money). humanity now

BLACKOUT – WIE NAH KOMMT DAS FERNSEHEN AN MICH HERAN

orf / 1974/75

kriesche stellte in dieser medialen live-aktion sich und allen beteiligten die frage: wie nah kommt das fernsehen an mich heran? was macht das kommunikationsmedium fernsehen aus wirklichkeit? welche wirklichkeit entwickelt das fernsehen aus dem nicht-sehen?

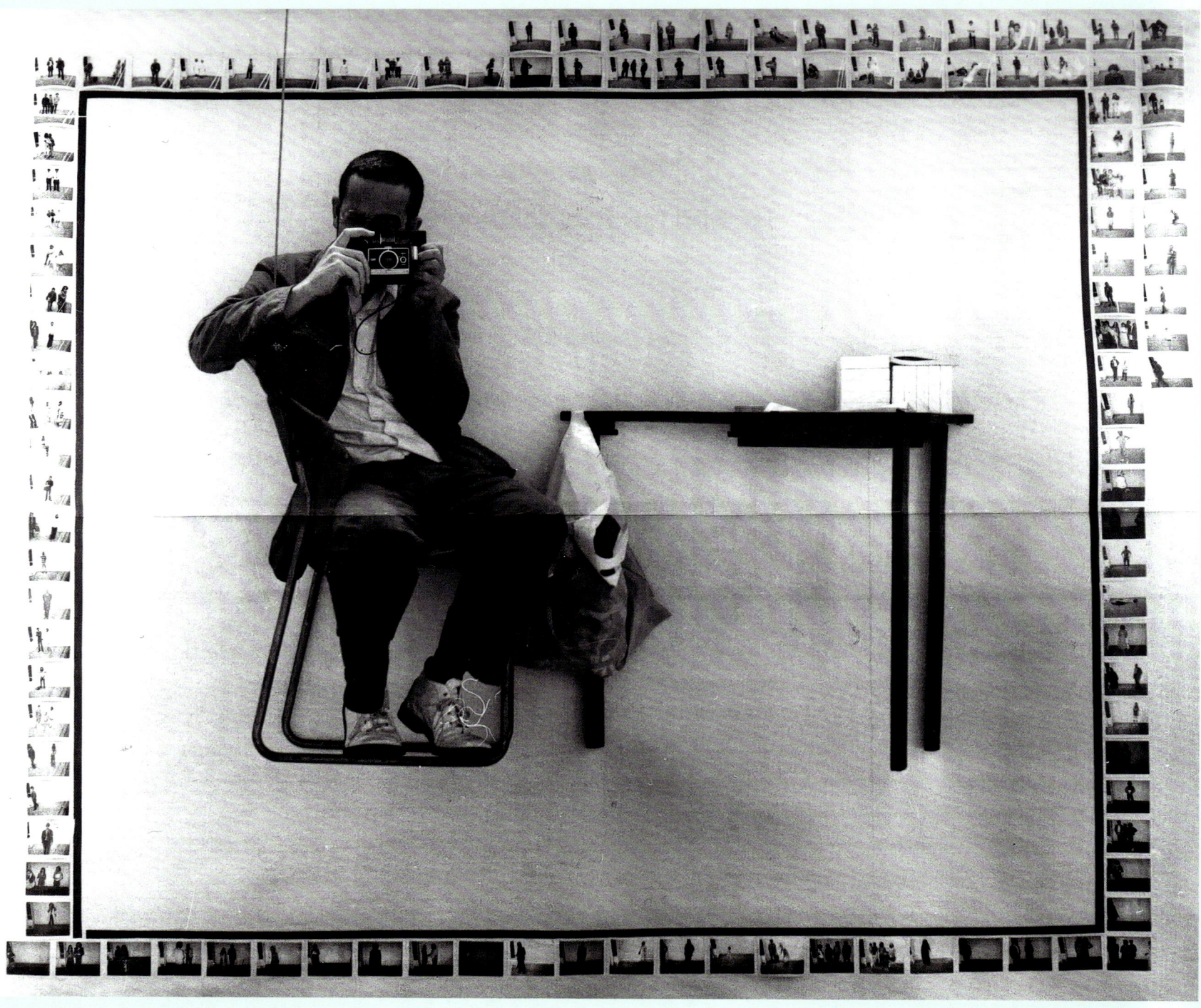

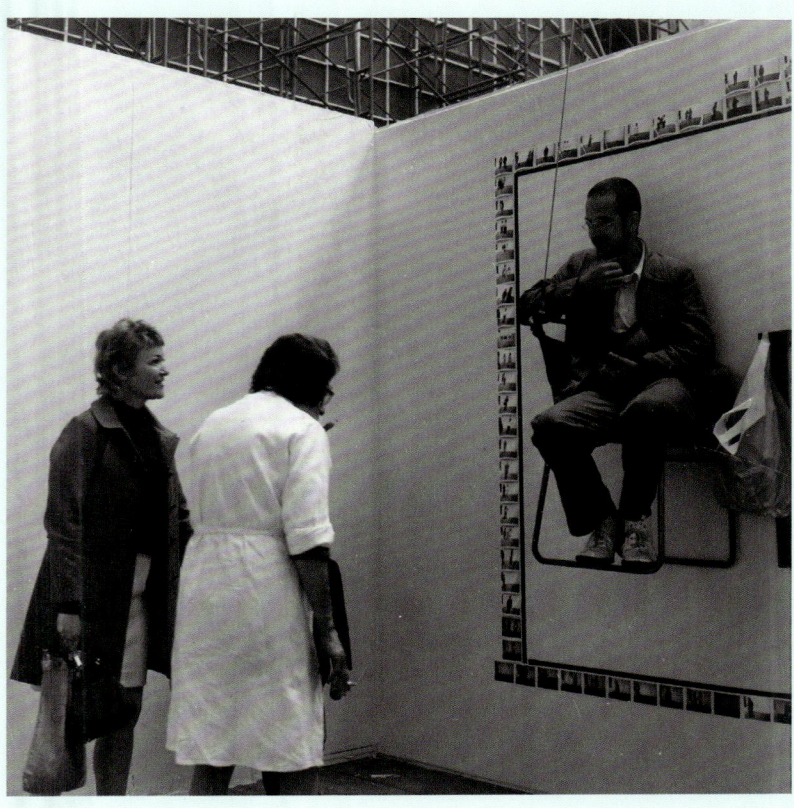

ART SPECTRUM LONDON - THE POLAROID PLACE
_____

alexandra glaspalast / london / 1971

rauminstallation mit kriesche in einem bilderrahmen an der wand sitzend;
die polaroidfotos des publikums bildeten den rahmen. die erwartungshaltung,
dass ein definiertes kunstpublikum in einem definierten kunstraum ein
definiertes kunstobjekt von einem definierten künstler zu sehen bekommt,
wurde irritiert.

initiates a capital-oriented concept of its own existence.
the present age becomes ever more fragmented and,
with the advent of digitization, more compressed.
year zero in christianity's calculation of time dramatically
reveals the first watershed moment in our present time.
zero, as a turning point, denotes the fragmentation and
compression of the instant in time in all directions.
hieronymus bosch takes up this christian narrative as
a phenomenon, thematizes the historical turning point
from the middle ages to the modern era and, in **the
haywain triptych** 8 , describes man as a wanderer
through time and space as well as the loss of eden; he
portrays hubris and pecuniary greed and rolls out the
path straight into humanity's self-created hell.
kriesche, for his part, also makes use of the panel painting
format hung together in three parts and consults chatgpt
on the past, present, and future of the self. between the
poles are the not yet wholly vanished human and the not
yet wholly arisen artificial intelligence. in the face of an
artificial intelligence that may irreversibly impinge upon
all areas of human life, kriesche locates the shift in time in
the present day. out of kriesche's dialogue with chatgpt,
an iconically reduced triptych has emerged. 4/6
richard kriesche (rk): "nothing is superfluous here, this is
the most reduced format, therefore i assert these are
the incunabula or the zero artworks of the zero hour,
from which we need to learn anew. what is creativity,
what are aesthetics, what does it mean to be a creator;
all that is revolutionarily reset here. we have a disruptive
process, which is writing us, whether we want it or not."
(cited from the tv broadcast item "orientierung," orf 2)
we're becoming aware that we don't know what artificial
intelligence is going to make of our essence in an artificial world.
rk: "this triptych adds to the triptych we saw before by
hieronymus bosch ... and (i) asked ... (ai in) this tableau
the question: 'the almost dead artist asks himself who
has he been artistically, from the perspective of today's
'almost alive artificial intelligence'." so i enquired after the
essence of 'humanity' in its past, but not even artificial

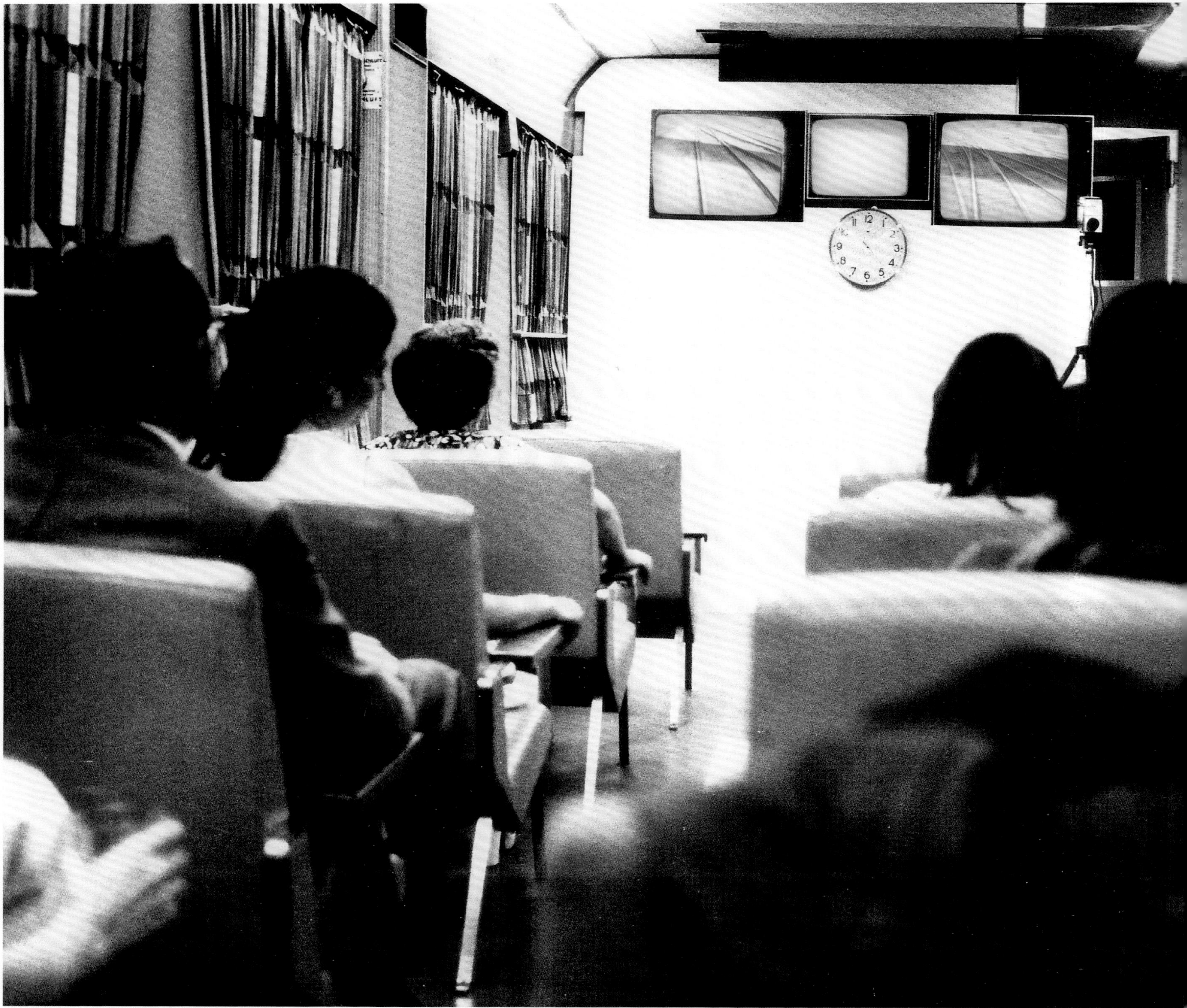

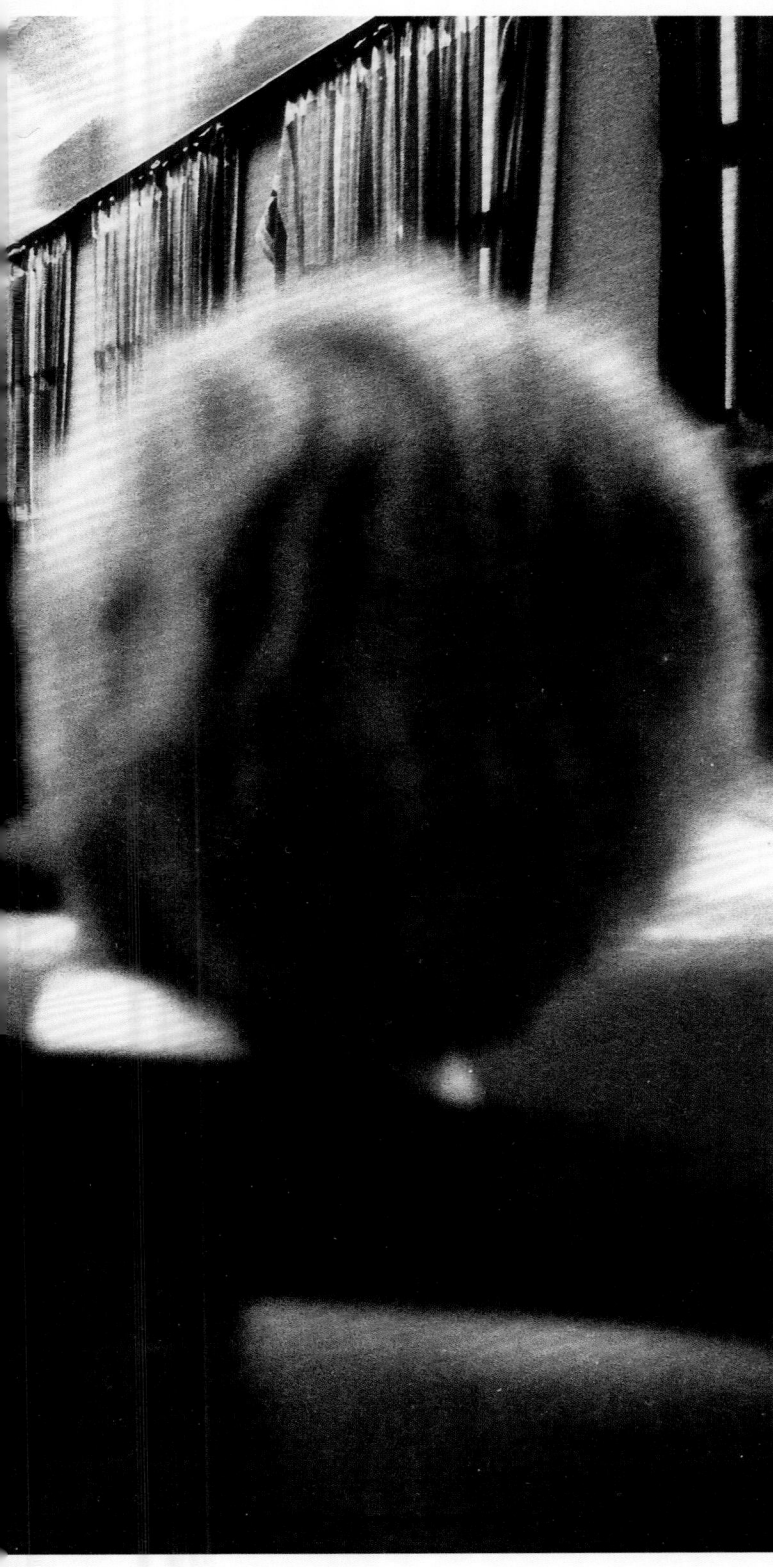

intelligence provides an answer, and very fitting that is too, since it has no notion of 'humanity'—because it also has no self. the second part of the triptych, **the almost dead artist**, asks in the present time the 'almost alive artificial intelligence,' 'what is humanity?' it finds its answer, and that's the beguiling thing, that an answer has been given, at any rate; whether it accords with reality or not, that's for the beholder to decide; whether he can follow this artificial intellectuality the way he's able to follow human intellectuality." (ibid.)

this iconographical dialogue reveals that artificial intelligence is based on reproduction. now urging itself upon us is the question of whether humanity and imagination are able to stand up to an overwhelming computational competence.

rk: "as you know, the problem with the artificial intelligence narrative is that it is unable to provide evidence that the creative 'human' can find a place in it. for the self of the 'human' has no existence in artificial intelligence, because artificial intelligence does not possess a self. that is the radical demand that we have to make, that the 'human' has to make. only in symbiosis will artificial intelligence gain its meaning and its experience for the 'human.' ultimately, creation is intended for the essence of humanity as it evolves, in its creative power as an echo of the great creation. we are now in the phase of a shift in time; we must grasp that there is still time to deflect the imminent deflection." (ibid.)

VIDEOTIME

wien / gumpoldskirchen / 1973

ein abgedunkelter eisenbahnwaggon mit fahrgästen auf der fahrt von wien nach gumpoldskirchen. drei kameras: kamera 1 wurde an der front des zuges montiert, kamera 2 am ende des zuges und kamera 3 im waggon. auf drei monitore im waggon wurden die aufgenommenen bilder übertragen und eine statische uhr maß die zeit.

videotime
skizze / wien / gumpoldskirchen / 1973

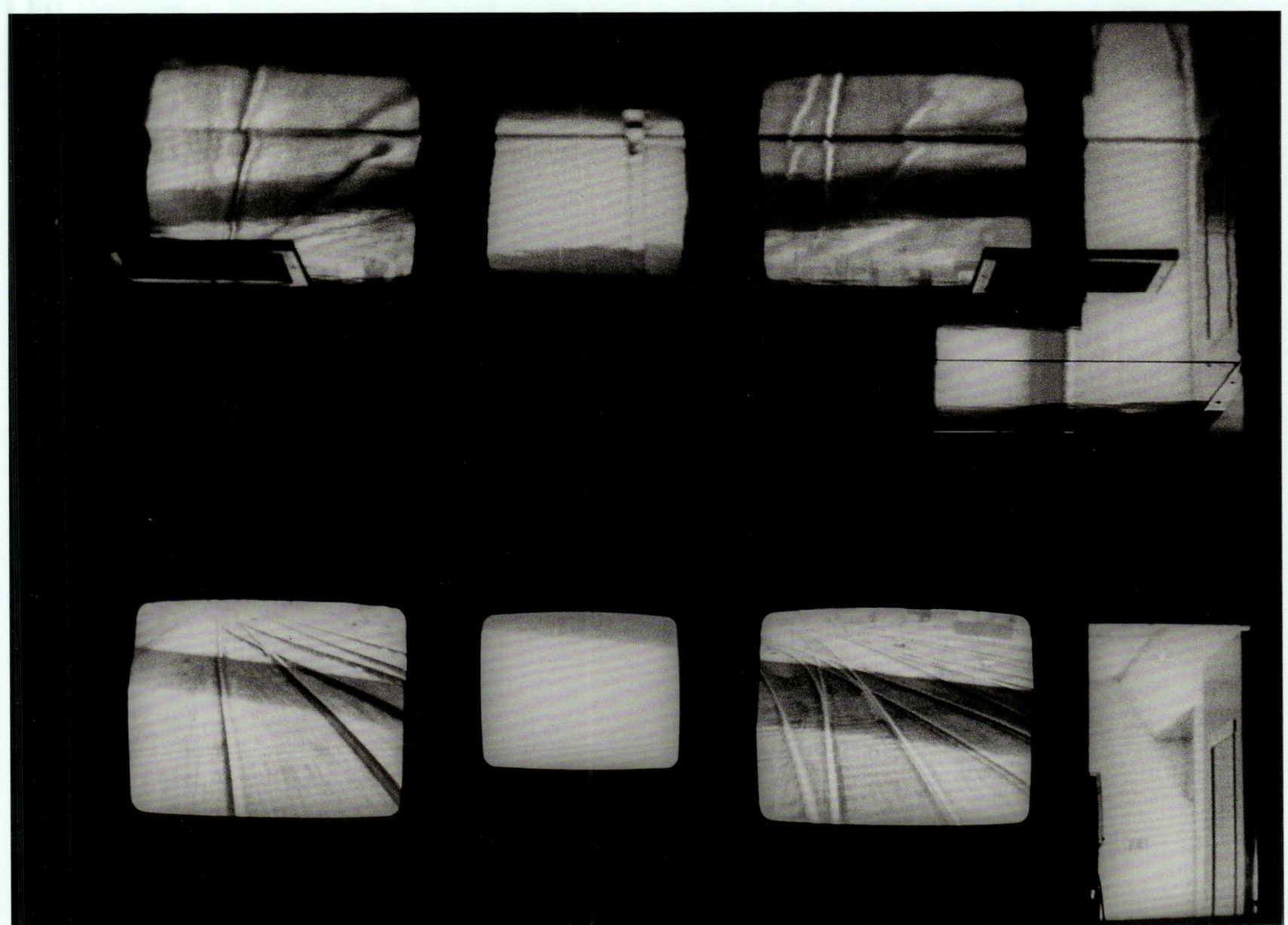

videotime

monitore im zug / wien / gumpoldskirchen / 1973

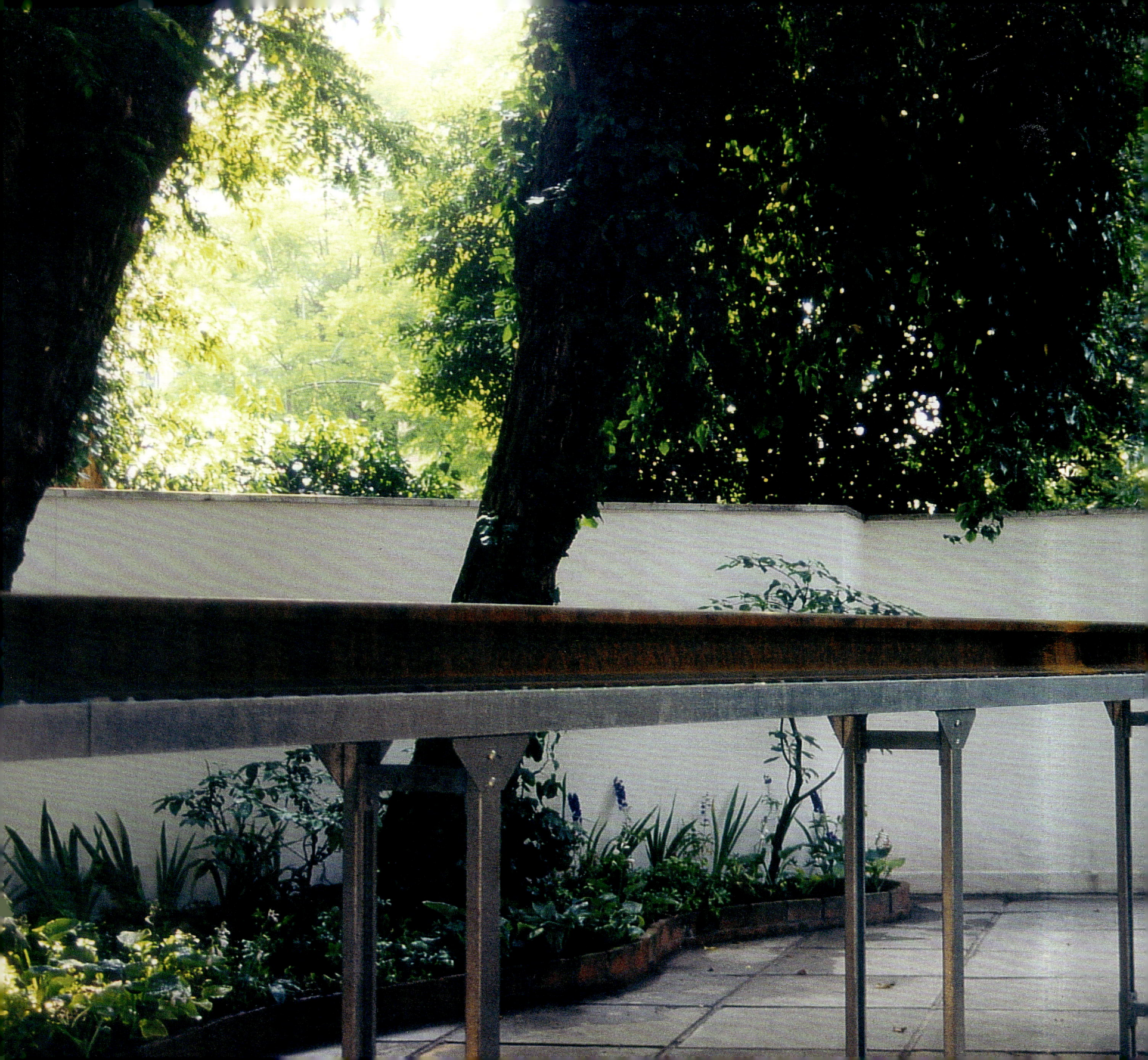

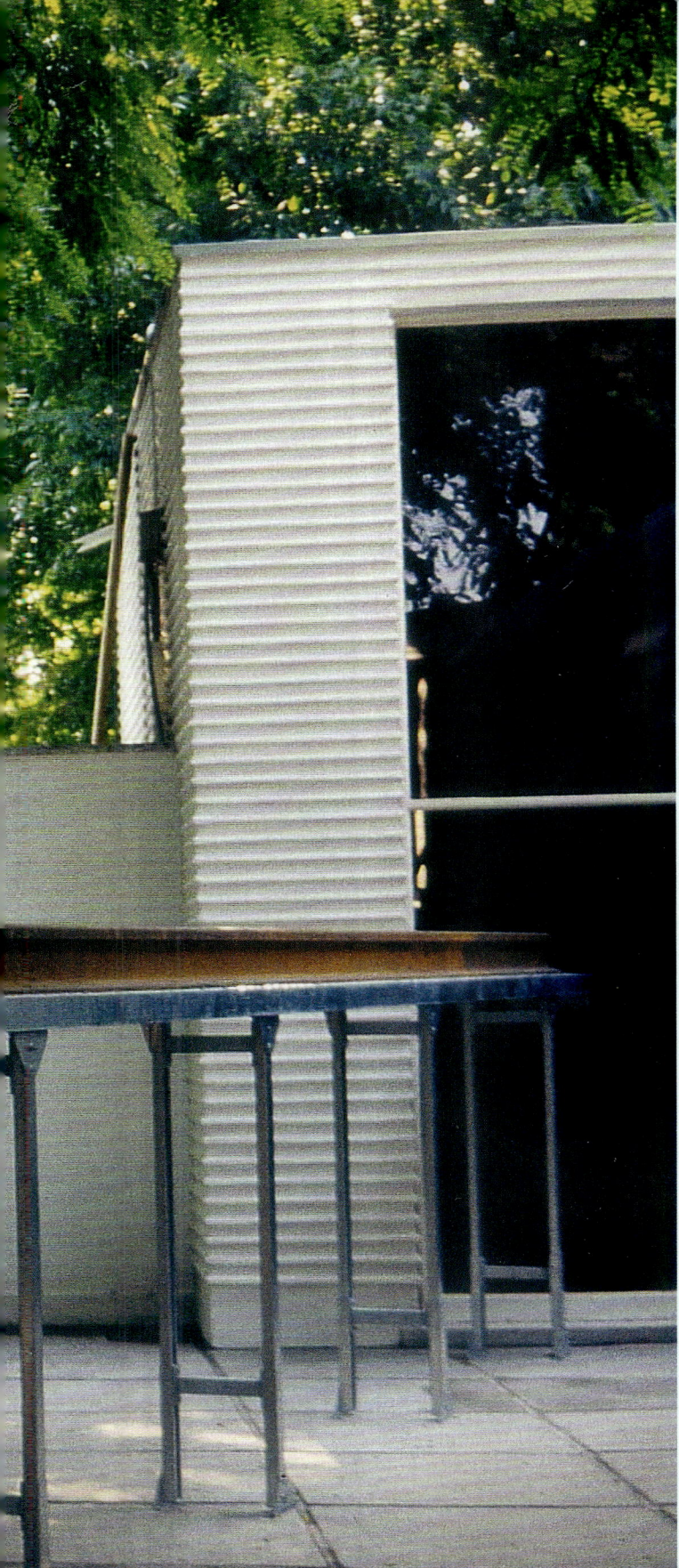

the accelerated production processes resulting from the handling of time, and consequently from the handling of ourselves, have denatured us to the highest degree. our civilization seems to be uncoupled from the depth of time and from the depth of our nature. the progress of our nature describes the progress of our time. in the **genetic portrait (genetisches porträt)** 10/12 this becomes especially clear—in kriesche's words:
"this portrait shows the portrait of a portraying as a portrayed. for the first time in portrait art history, the basis of this genetic portrait is formed by objective data, founded on their singularity, which portray the genome of the artist, of the portrayed. a self-portrait with a new world reality in mind, a portrait of pragmatic self-scribing and self-describing, a portrait in the sense of the biogenetic art concept of a universally historical self-recording."
(kriesche, "datenwerk : mensch," p.16)
visualized, the era of the self is extended in fragmented, compressed data of a person's unique genome. the foundation for these portraits is formed by basic genetic data; this foundation, in turn, forms the foundation of the author's singularity. the genetic in-sight into the self, as informed time/database, was conflated in 657 precise pieces of image data—657 pieces of gene data from the inside were transferred to 657 pieces of image data from the outside. this imaging process combines the scientific power of discrimination with unifying, form-giving artistic power—it leads from data work via art work to life work.
no portrait within portrait art has ever come so close to the individual self. the ever more differentiated information on life processes finds a visual formulation here.

TELEMATISCHE SKULPTUR 4

in kooperation mit joanneum research und knapp ag / 46. biennale di venezia / venedig / 1995

in diesem werk wird die frage nach dem subjekt, dem raum und der zeit angesichts einer sich im telematischen raum verändernden welt gestellt.

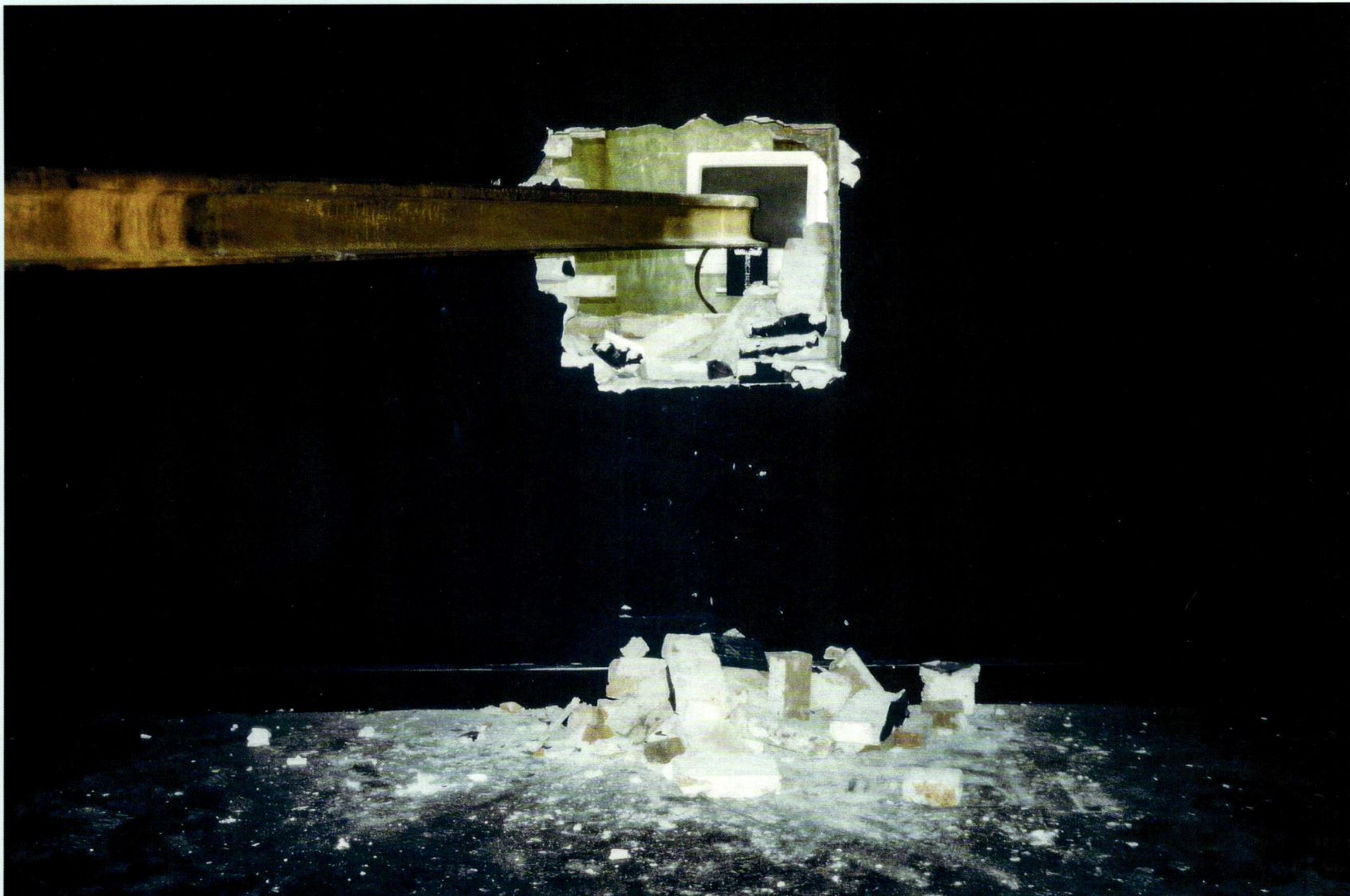

telematische skulptur 4

in kooperation mit joanneum research und knapp ag /
46. biennale di venezia / venedig / 1995

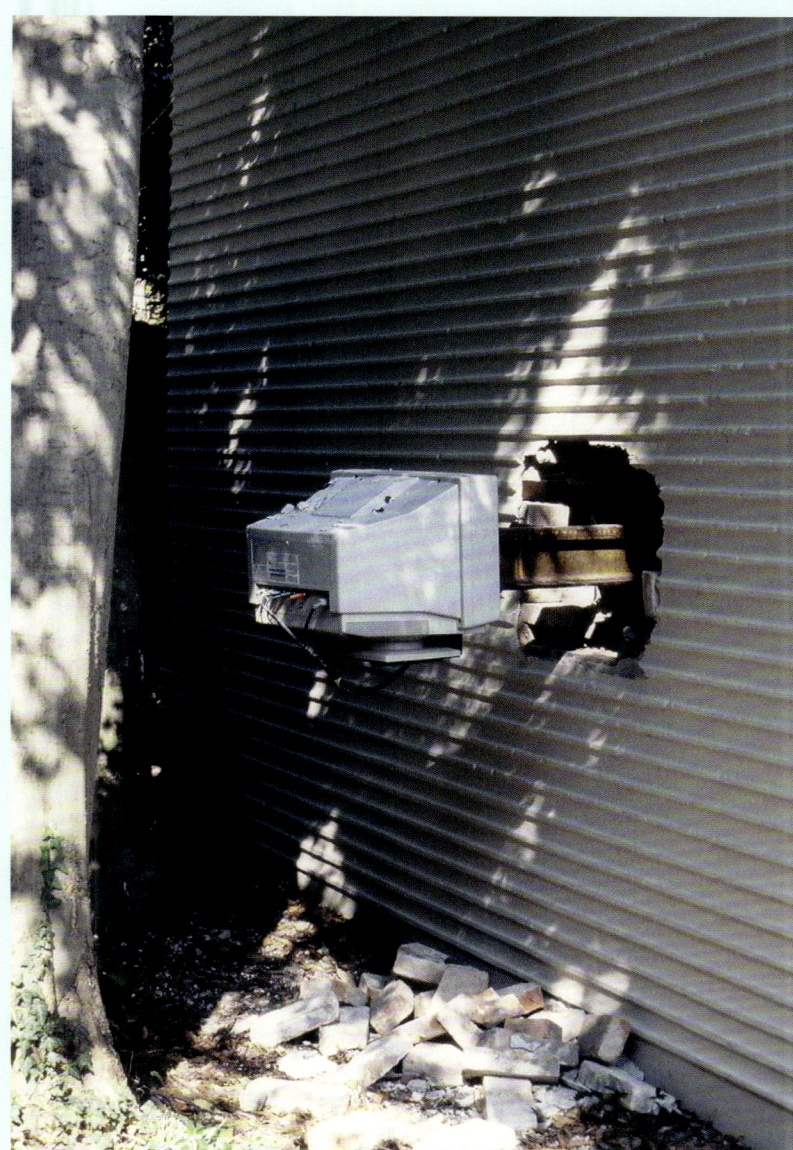

this is also impressively demonstrated in the triptych **3-generation portrait of the obermayer family (3 generationenportrait familie obermayer)** 14 —at its core lie the questions: where do i come from, where am i, where am i going?

in research, in medicine, and in art as well, the human forms the interface. the individual organism embodies information material; it harbors knowledge about the function and structure of the human fabric in healthy and sick states alike. technology-supported, data-generated images in medical research are withheld from the everyday gaze, even though these are images that contain our being. when we contemplate these images, we are contemplating, in the broadest sense, our self. we are called on to understand these images, in order to understand ourselves. the essence of art/visual art also lies justified therein. the importance of inquiring reflection on individual human life, but also of the recognition of society's future, is thus established.

these life processes/time processes are accompanied by transcendental effectual processes as well. the shift in time, coined by christian iconography, is revealed in the declaration "... and the word became flesh!" divine breath has allowed itself to be caught in a human body and, in doing so, made divine influence visible. kriesche has inverted this text fragment, both syntactically and semantically. 16

he has succeeded in transfecting, via the breath, the human body to a global/universal network, so that it can assume a disembodied presence in the global/universal atmosphere. the human thereby becomes dis-entimed inside electronic digital time!

the project **richard jesus** 18 takes up this detemporalization in the monitor by means of fractal embodiments, which have been fixed in place to form a telematic image which, shaped like the cross, aspires to omnipotence and perfection. a symbolic matrix of occidental culture has been portrayed in the medium.

the optical illusion makes use of spatial and temporal identification. fractal bodies accumulate to become one

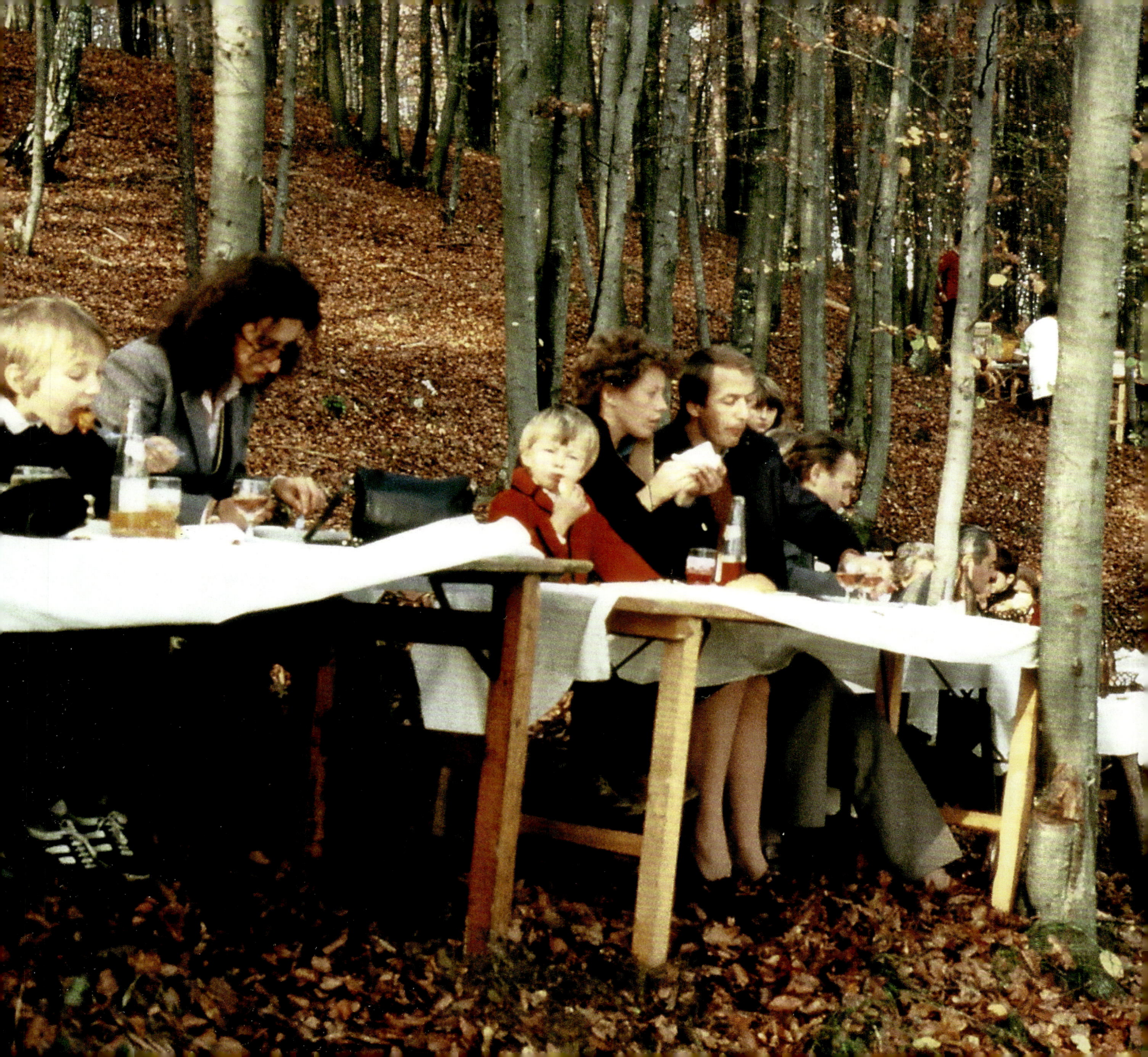

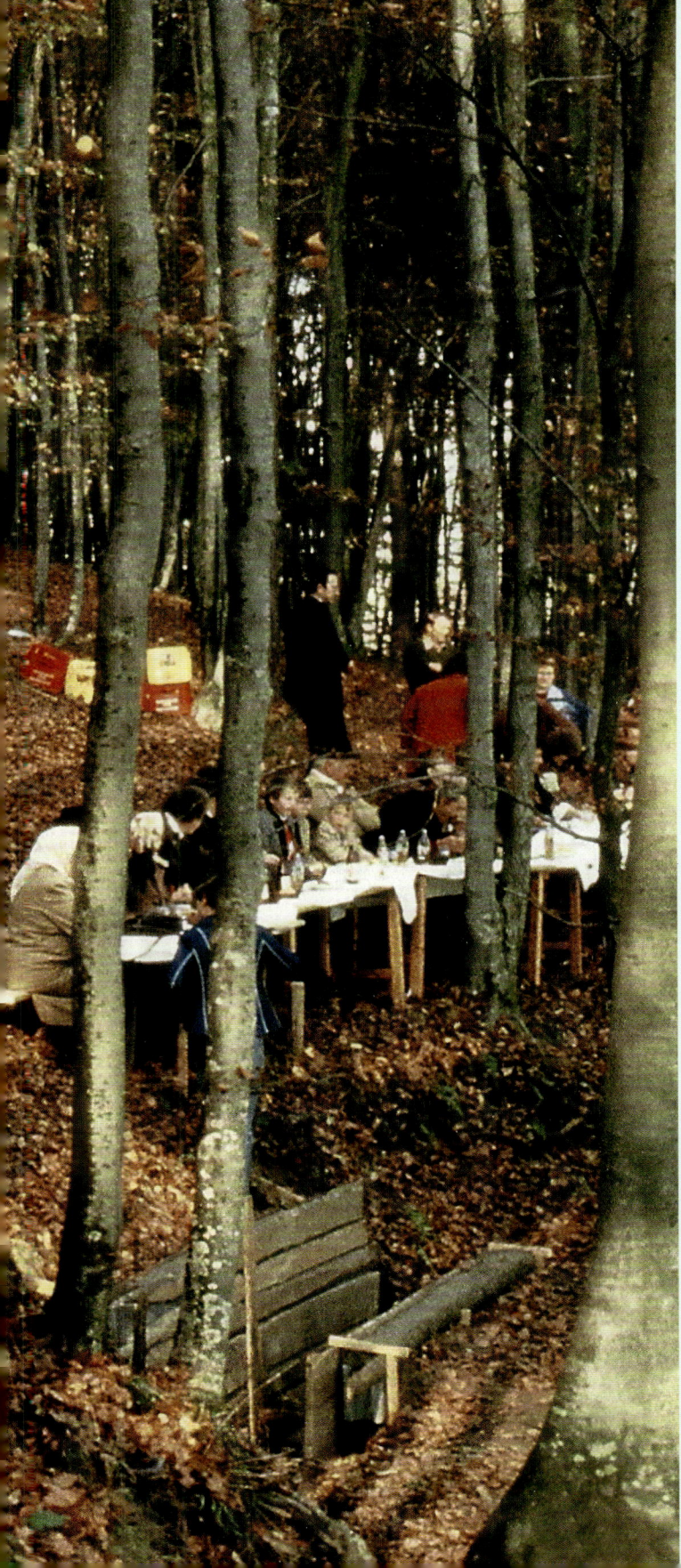

compressed identity, which has been broken up again by reality. the occidental cultural complex has been shattered. this transcendental cultural body, generated by kriesche, challenged his own body, but also the individual mind, caught in the process of media disappearance. recording the real temporal era in which we are situated and grasping the magnitude of time and its aesthetic substance necessitates stepping out of measured/digitalized time. to be able to take notice of the aesthetics of real time, we must distend fragmented digitalized time, that is, we must retrospectively tie the notion of time to lost eternity; we must integrate past and future into our thoughts and actions. then it will be possible to create value out of the depth of time—and to do so on all levels of our culturally influenced existence.

in his collaboration with kleine zeitung, kriesche takes up the iconographical aspect of the shift in time, symbolized in the cyclically recurring easter miracle, and carries over this miracle into the media of the present. 20/22 fritz reheis says: "to create such a culture of creative slowness, we must broaden our horizons and understand again that in the great arc of time we are only a dot between creation and eternity ... we lack the time to pause, we lack the time to reflect. temporal flexibility would be precisely that art or virtue of directing the

EDERSGRABEN –
HEIMAT EINE ZEITSKULPTUR

in zusammenarbeit mit peter hoffmann, heidi grundmann, wilhelm gaube und rudolfine kriesche / edersgraben / 1982

kurz vor ende des zweiten weltkrieges fanden in der kleinen oststeirischen gemeinde edersgraben letzte gefechte statt. ein schützengraben im wald der familie schandl ist eines der letzten zeugnisse dieser tage. am 31.10.1982 (österreichischer nationalfeiertag) trafen sich augen- und ohrenzeugen mit ihren familienangehörigen zu einem gedenkma(h)l an diesem laufgraben. ein teilstück dieses grabens wurde mit beton ausgegossen.

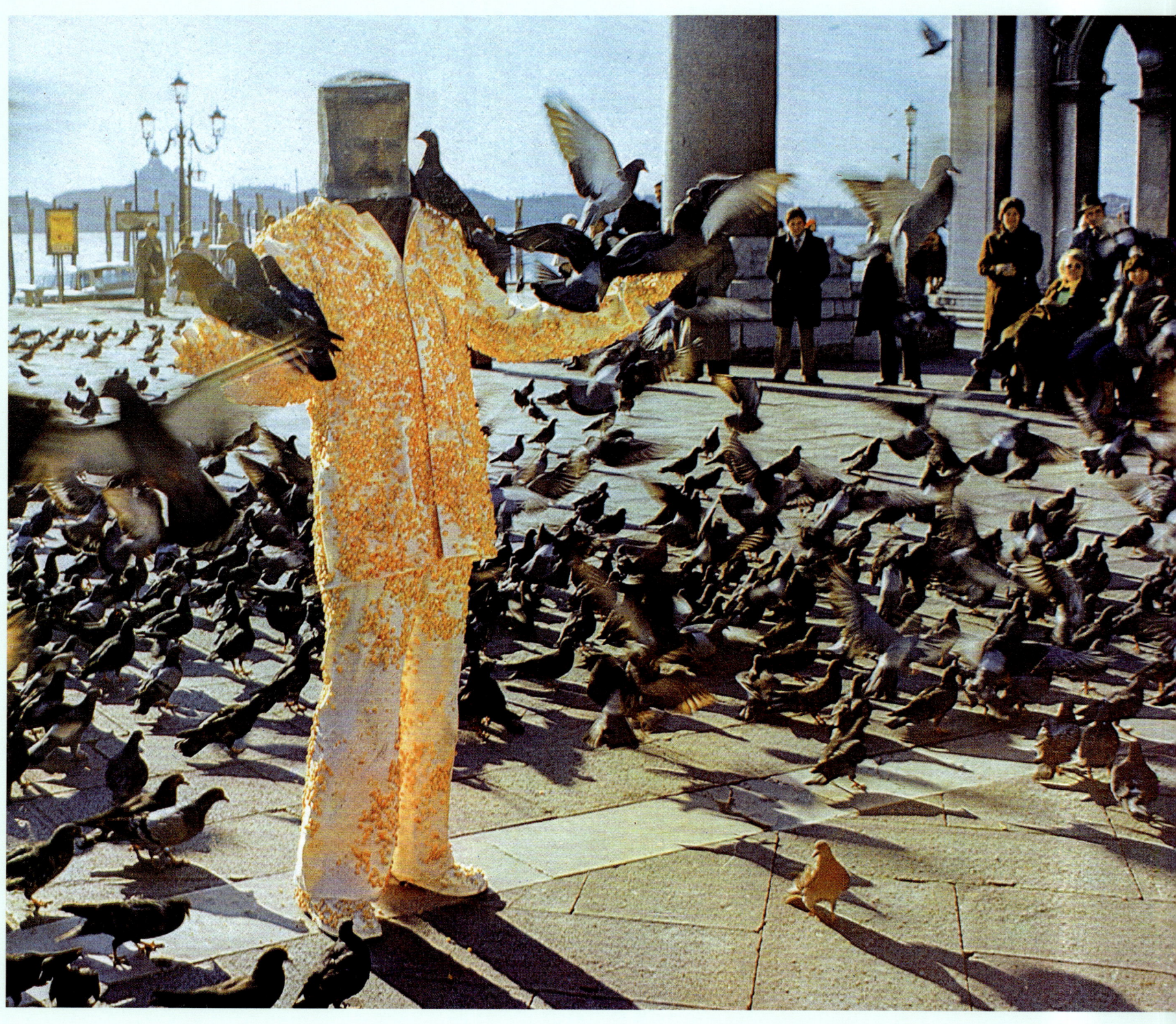

gaze backward and forward repeatedly. stepping out of the present and grasping the present as a moment in a developmental process which man as a rational being is able to steer by himself. we must learn temporal elasticity." (von lüpke, "tiefenzeit")

you are not alone (du bist nicht allein) 24/26 as a message from father to son in the hour of death, but also to christian-connoted society. temporal elasticity by means of the narrative of death, as an interface between the living and eternity.

the aesthetics of time will become more porous for us again as a result. the art of the present is based on simultaneity of production and communication. this is not understood as an artistic act in the dialogue between production and reception, but it is about recognizing the quality of the social, the political, the scientific, the cultural, and the spiritual. these qualities form the substance of the epoch that surrounds us.

as we know, by means of measuring time, humanity has created a perception of time that is concretely metered and, with the aid of technological mechanisms and digitalisms, has carried it over into one that is abstract and, through the speed of light, has conveyed it to the point of non-perceptibility.

the visual aspects of time are dispersed. for us to perceive the substance of the time that surrounds us, its distension is required. one example of this is manifested in the project **tv death 1/2/3 (tv-tod 1/2/3)** 28. here, different planes of reality induced different perceptions of reality.

in both the media and the real space, the reality of the shot at a monitor produces a specific aesthetic. present, reality, and truth were linked on the television screen. conditions of reality and reflection became visible. the audience examined their own theory of reality as they probed the hole/wound in the tv with their fingers. by means of an archaic act, it bridged its physical separation from the event of the performance. time experienced a distension within the performance, but also a stretch into christian history.

HUMANIC – FAKTISCH RICHARD

werbespot – kunstspot für die firma humanic / in zusammenarbeit mit xaver schwarzenberger / graz / wien / 1972-1974 / 1985

kriesche steht in einem weißen maiskörneranzug auf dem markusplatz in venedig. die zuschauer erleben innerhalb von 30 sekunden, wie die maiskörnerskulptur sich über eine taubenskulptur hin zur realen person richard kriesche transformiert – einer der ersten und radikalsten image-spots in der geschichte der tv-werbung. kunst wurde hier als singuläre botschaft zur marken-/massenkommunikation, zur werbelinie für das unternehmen.

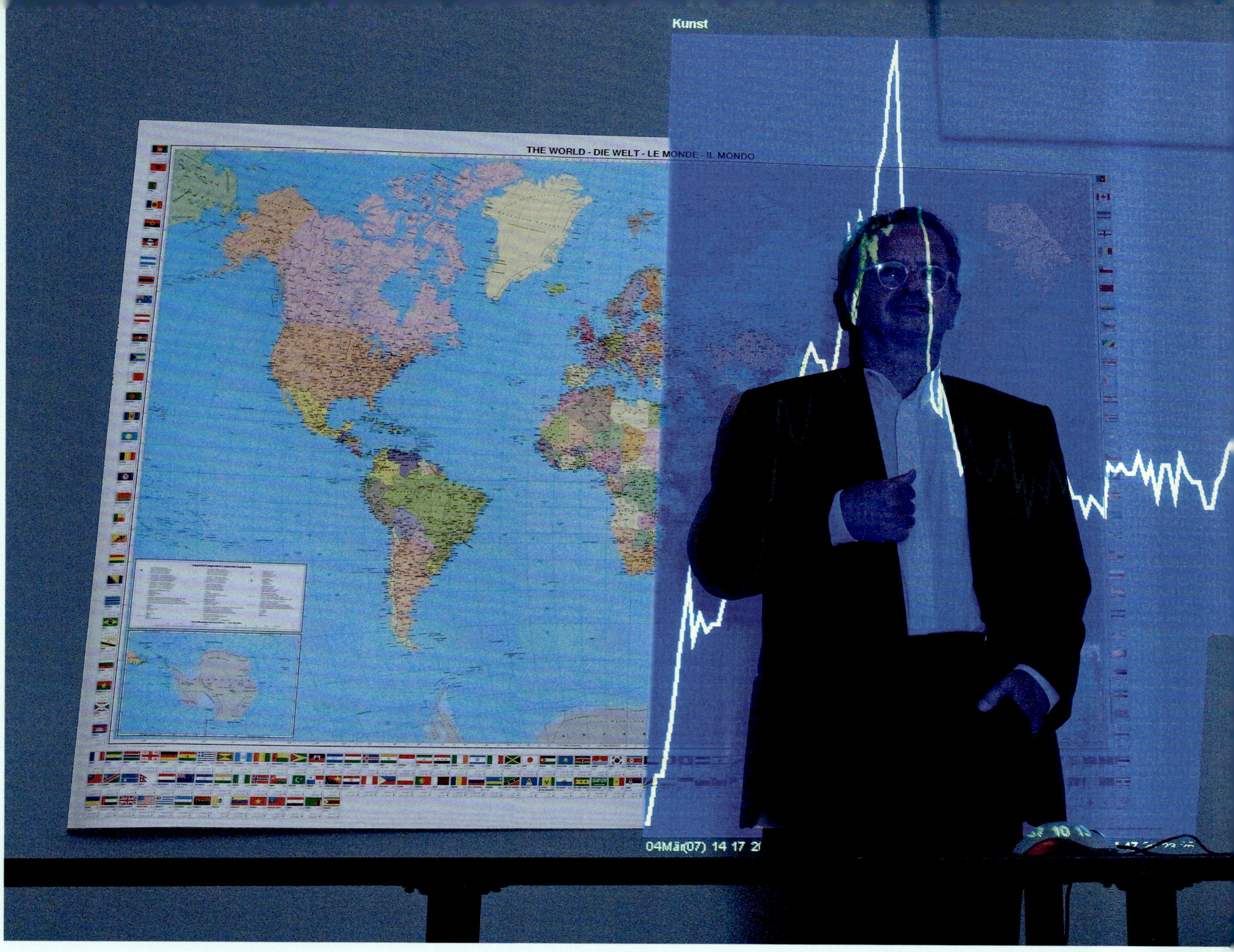

THE WORLD - DIE WELT - LE MONDE - IL MONDO

04Mär(07) 14 17 2

54
/
55

CAPITAL + CODE /
AESTHETICS OF CAPITAL

skulpturenmuseum marl, 2007 / kunsthaus graz, 2008 / ars electronica -
voest alpine linz, 2010

2007 wurden fünf zentrale kulturbegriffe unseres westlichen verständnisses, nämlich kapital, freiheit, arbeit, kunst und gesellschaft, über die globale suchmaschine google über einen gewissen zeitraum miteinander in beziehung gesetzt. eine professionelle börsensoftware verknüpfte die daraus generierten daten zu charts. dieser prozess der produktion von charts realisiert jenen ästhetischen moment, der allen charts zugrunde liegt - die ungewissheit und unberechenbarkeit gesellschaftlicher prozesse.

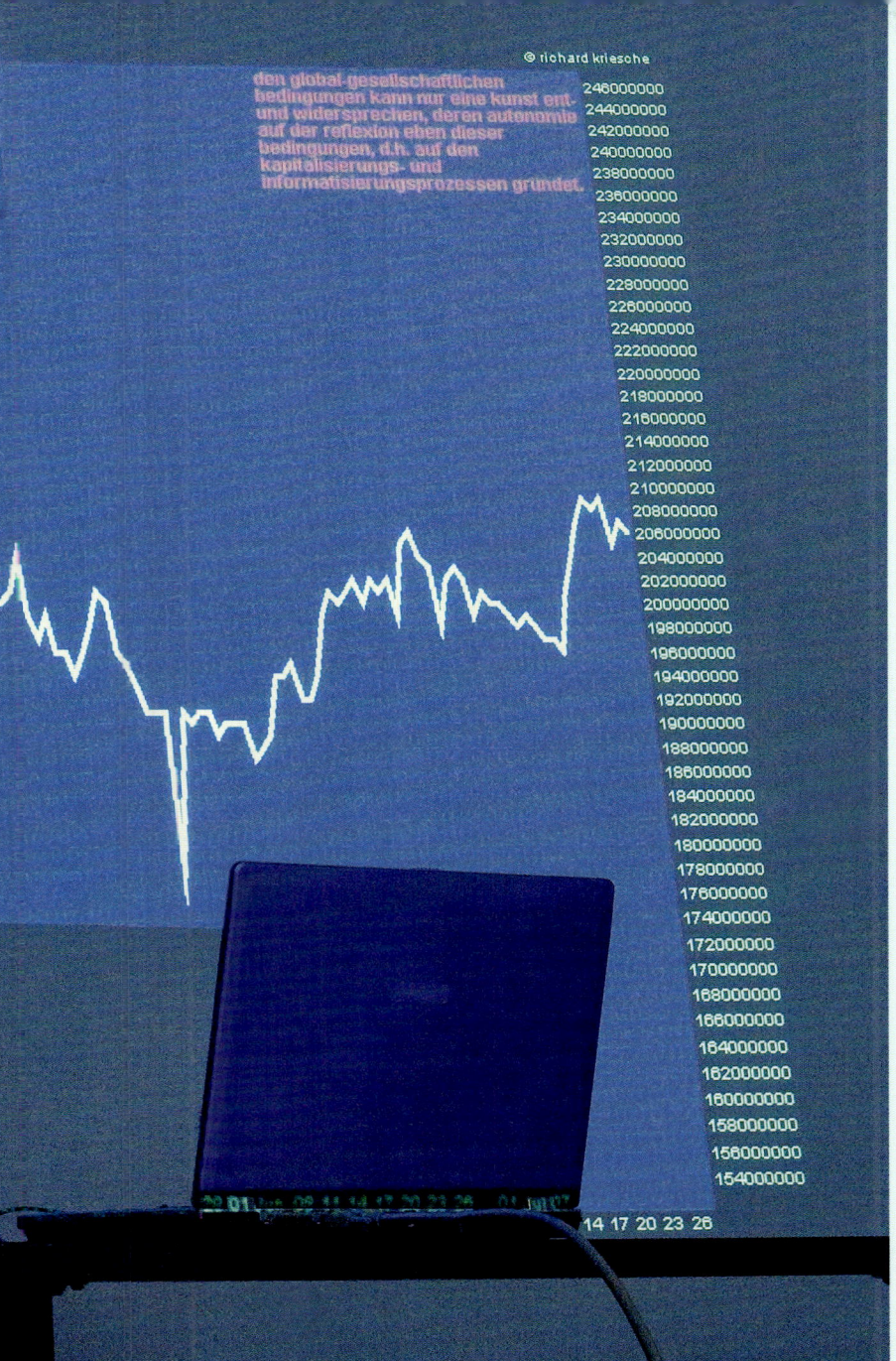

the magic of temporal distension is also made tangible via correction in the electronic space in the artwork **1 +1 =3** [30].

media and real-time connections make new dimensions visible via complex systems in the experiment **brainwork** [32]. interiors and exteriors coalesce in pixels as the definition of real time. the project **twins (zwillinge)** [34/36] takes that up. reality unfolds via confusion in time and space—the solution: two twins realize, in being, simultaneous reproduction.

equally divergent spatial worlds were turned into a conscious present time via the interconnection of seeing/ not-seeing in the medium of television, in the project **blackout** [38]. the artist wore a black blindfold. not-seeing excluded the artist—he spoke into a space that was imaginary to him; at the same, however, it was also his intention to induce his state into the television viewers, by asking the cameraman to get ever closer to him, in order, ultimately, for them to see a black screen, to no longer see anything. at this electronic, medial level, according to kriesche, recipient and producer find themselves in an identical state of reality for the first time— the black screen. as a result of the abolition of distance from the black image, the visible, says kriesche, retreated into the electronic space (this was not achieved, since the cameraman was not permitted to heed the artist's instructions entirely). the spatial/temporal structure was concentrated on reaching a synchronized zero point in the blackness, that is, it was concentrated in the absolute present.

the present as a posited simultaneity of artist, art object, audience, and art space was carried over into a temporally distended process in the project **art spectrum** [40]. for not only do those entering see an art object; the art object, the artist himself, in turn sees those entering. this process of simultaneity was condensed by means of the polaroid. as soon as the audience stepped into a neutral frame, defined on the floor, the supposed art object became active and took pictures, which afterward were affixed around the artist to form a frame.

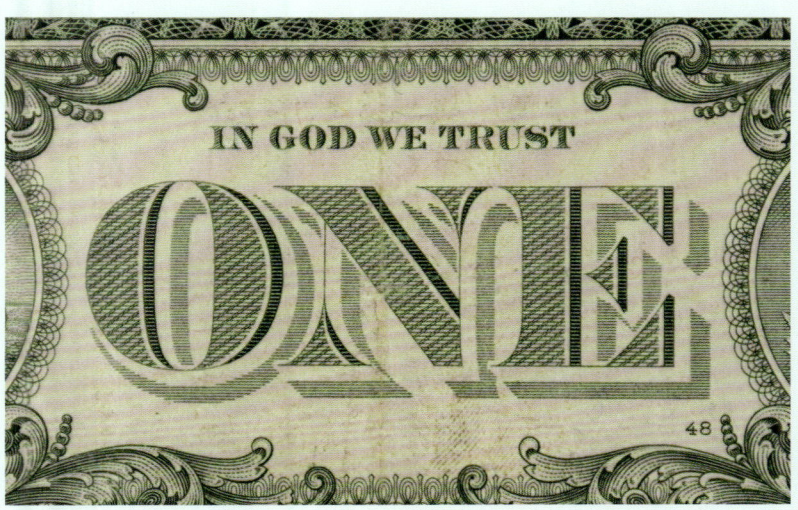

IN GOD WE TRUST
_____

galerie zimmermann / graz / 2014

das gottvertrauen hat sich innerhalb der zivilisationsgeschichte bemerkens-
werterweise in den usa, als kapitalistisches system, auf dem göttlichen
schlechthin implantiert, nämlich als schriftzug „in god we trust" auf den
banknoten. das vertrauen in das kapital verwirklicht sich im systemischen
vertrauen in gott - vertrauen als das verbindliche. bei der auflösung des
qr-codes erscheint die authentizitätsnummer des vorliegenden geldscheines.

the artist's attention and the audience's attention were
both focused on a real moment in the now.

kriesche also laid open being-in-time in his project **videotime** 42/44 . in the darkened railway carriage, the present
was distended to the size of the carriage to conceal the
external reality of the rail journey. this present conspicu-
ously transformed the moments of the future into those
of the past. a stopped clock prevented the option of
chronometry aided by vision. the demonstration of reality
was supported by contingency: construction workers,
visually captured by the camera directed toward the
future and transmitted to the monitor inside the carriage, suddenly appeared (having overcome the present)
on the monitor that was visualizing the past.

telematics sculpture 4 (telematische skulptur 4) 46/48
demonstrates the complexity of humanity's temporal
and spatial perception/non-perception.

materiality: an industrially produced conveyor belt was
positioned at eye level with a railway track lying on top
of it. a computer monitor was securely tied to the end of
the rail. imperceptibly to the naked eye, the rail moved
toward one wall of the austrian pavilion.

information: the screen securely tied to the railway
track displayed the status information of telematic
sculpture 4 in space and time.

telematics: the sculpture was connected to the internet
by means of a modem. for the first time in the history
of the biennale, at http://iis. joanneum.ac.at/kriesche/
biennale95.html, a real artwork moved on the internet.
a global audience was able to log in to the artwork and,
as a result, generated different data flows on the www.
these induced acceleration or delay in the sculpture's
movement. logging in brought the sculpture to a momen-
tary standstill.

duration: in accordance with the information flow, telematic sculpture 4 was kept in constant motion. this
permanent motion—the central informal paradigm—was
determined, on the one hand, by the movement of the
information in an approximation of absolute light speed,
visible on the screen, and, on the other, invisibly, as the

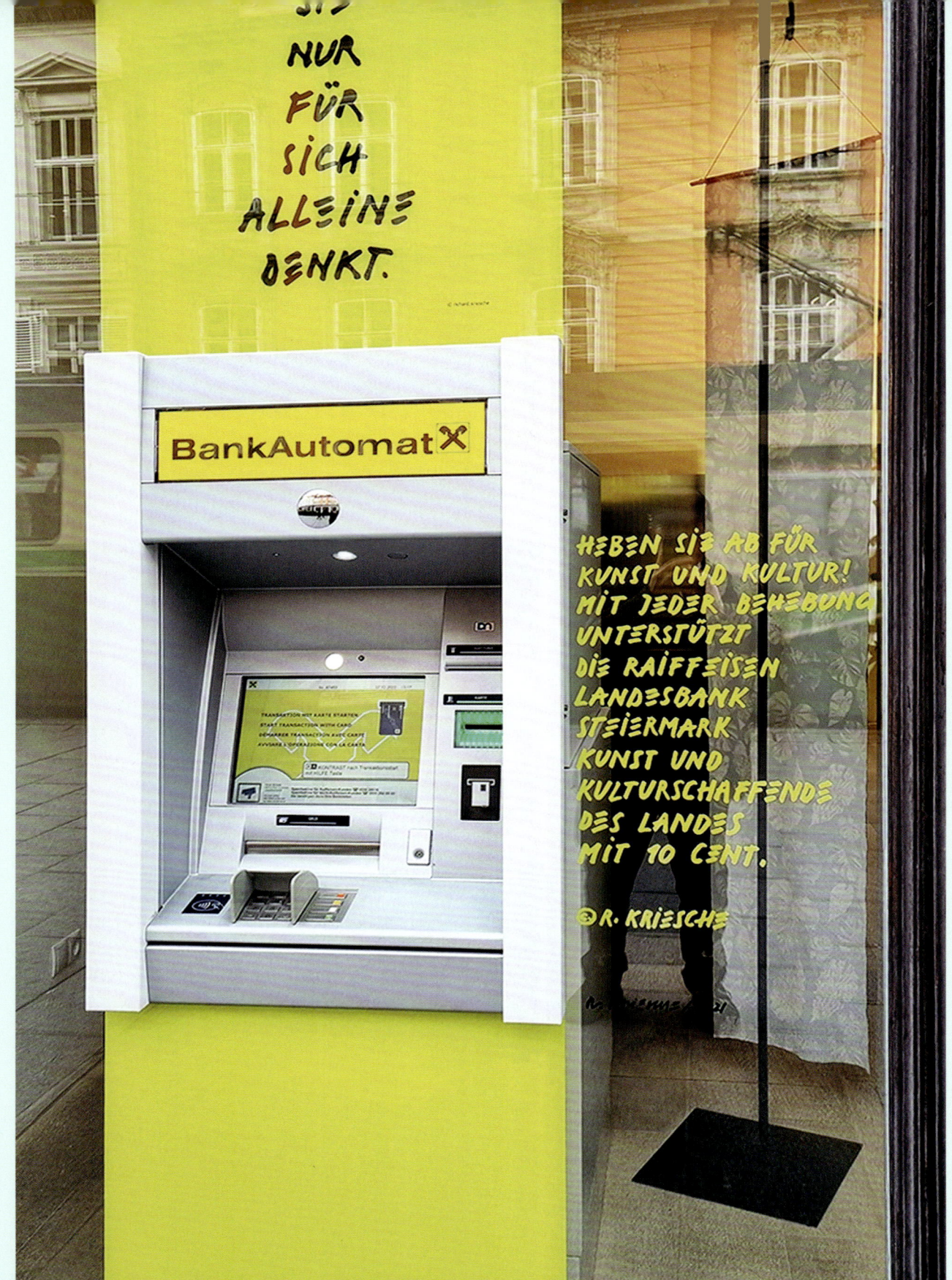

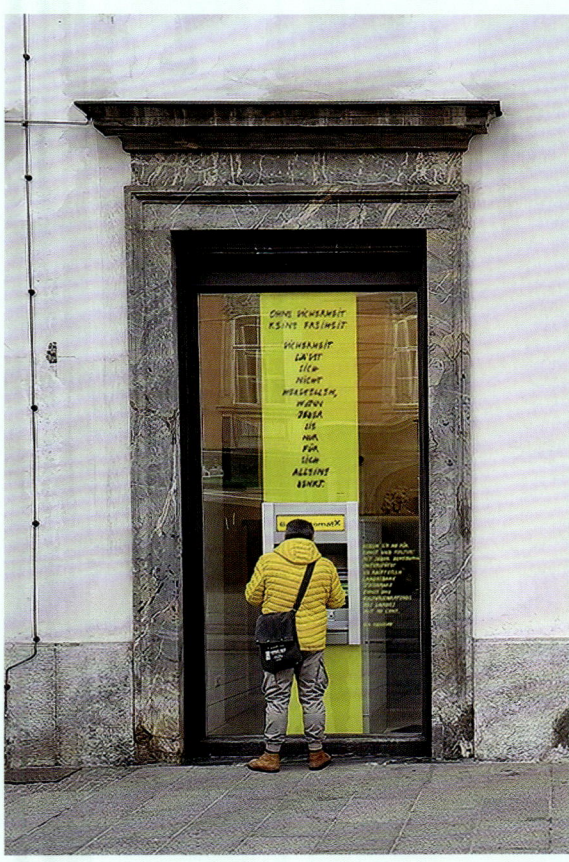

KUNSTBANKOMAT
----

raiffeisenbank herrengasse / graz / 2021

2019 trat die raiffeisen-landesbank an kriesche heran, einen handels-
üblichen bankomaten im format eines kunstwerkes im denkmalgeschützten
stadtzentrum der stadt graz zu kreieren. ein standardisierter bankomat,
als ausgewiesenes objekt der finanzindustrie, wird für das selbstverständ-
nis der bank als solidarische gemeinschaft gestaltet und sichtbar gemacht.
die eigentümerin des kunstbankomaten, die bankstelle raiffeisen city, hat
sich gemäß dem kreativkonzept verpflichtet, von jeder am kunstbankomaten getätigten geldabhebung, unabhängig von der transaktionssumme,
jeweils 10 cent zur förderung der künstlerinnen und künstler aus dem
einzugsbereich des kunstbankomaten an diese auszuschütten.

movement of the railway track, in an approximation of
motionlessness.

space: the speed of the information flow caused the
space to shrink to a dot; simultaneously, the information
stored in telematic sculpture 4 occasioned it to throw
off the shackles of the space surrounding it. eleven days
before the biennale's end, the sculpture pierced through
the wall of the austrian pavilion.

edersgraben 50 as a sculpture in time denotes an object
of remembering/not-remembering. the trench as a
synonym of the inconceivable/catastrophic develops
the space into a historical reality. historical awareness
keeps social structures in motion. collective remember-
ing enables emotional participation: with that, collective
memory unfolds a collective awareness of time.

this temporal awareness can, however, also become
visible via the force of nature. **humanic – virtually
richard (humanic – faktisch richard)** 52 is dominated
not by the cyclical, but by the simultaneous, by the
contemporaneousness of real processes—the alteration
of the appearance of a living sculpture, created by
pigeons, on st. mark's square in venice.

this advertisement, which formed the basis of a multiple-
year partnership with the business humanic, also references another field in the work of richard kriesche:
corporate aesthetics. in this context, an entirely new
way of seeing was developed by the artist with regard
to approaches to art and corporations (on corporate
aesthetics see p. 65).

simultaneity in light speed is made tangible by means
of the aestheticization of capital. though this is not
about the real beauty of payment methods; rather, it is
about the distension of cultural units of value in time and
space. **capital + code** 54 visualizes charts that were
loaded with units of value and projected onto real artworks. the artistic value of the artworks was continu-
ously redefined by the visualized capital value.

this concept was expanded at kunsthaus graz in 2008.
online charts were dynamized by video projectors cut-
ting through the art space on conveyor belts. the real

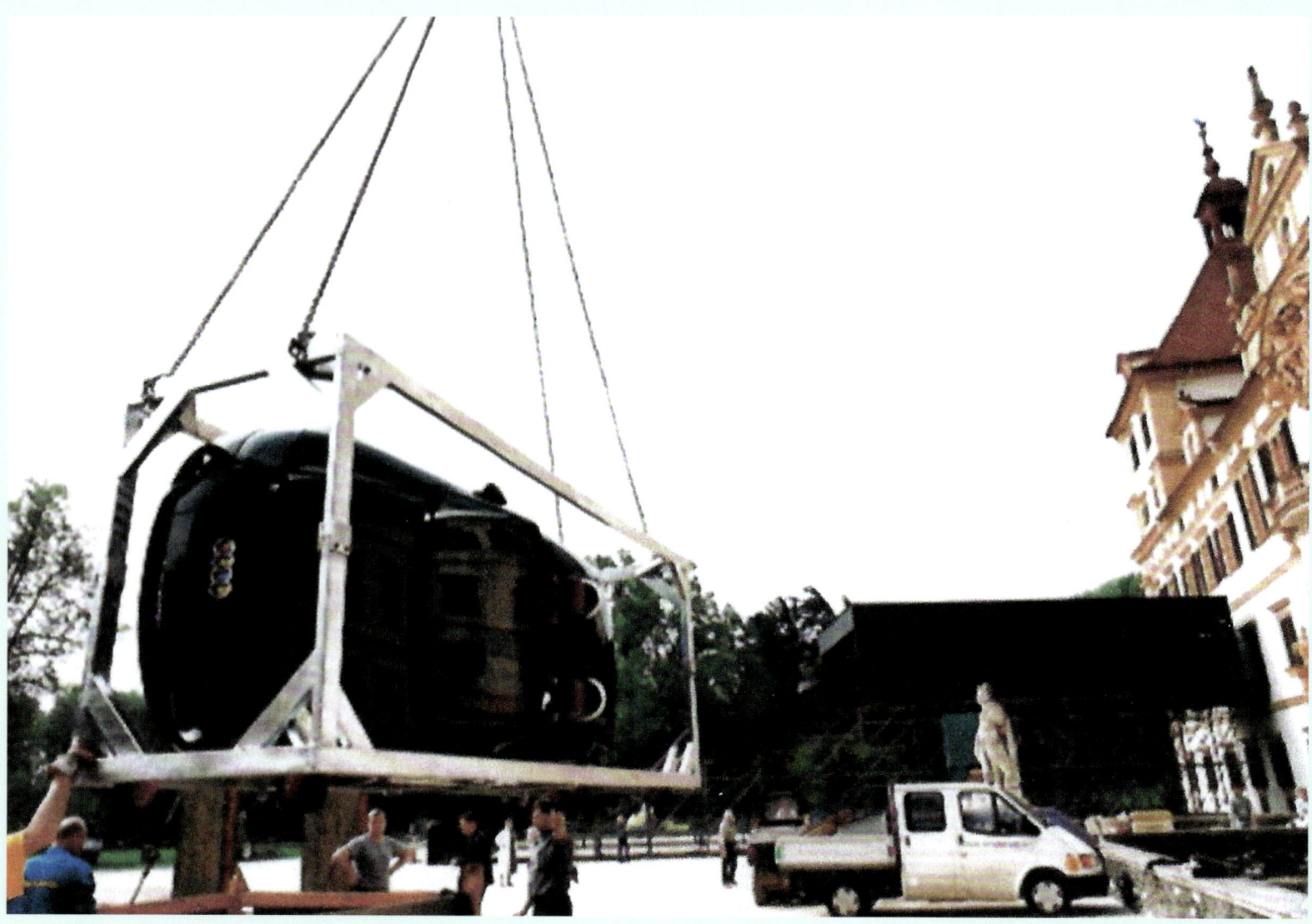

AVL : DRIVABILITY

comm.gr2000az / avl-list gmbh graz / schloss eggenberg / graz / 2000

autonomes fahren war 2000 noch kein thema. bei diesem projekt wurde
ein forschungsauto mit „drivability" ausgestattet – einem entwicklungs-
system für selbstfahrende autos der firma avl unter der leitung von
helmut list. dieses auto wurde durch ein fenster des schlosses eggenberg
in das innere des schlosses transferiert. so wurde das virtuelle autofahren
als alltagserfahrung im kontext der kunst in seiner bedeutung für die
zukunft der mobilität dargestellt. diese neue form der mobilität wurde
erfahr-/erlebbar gemacht.

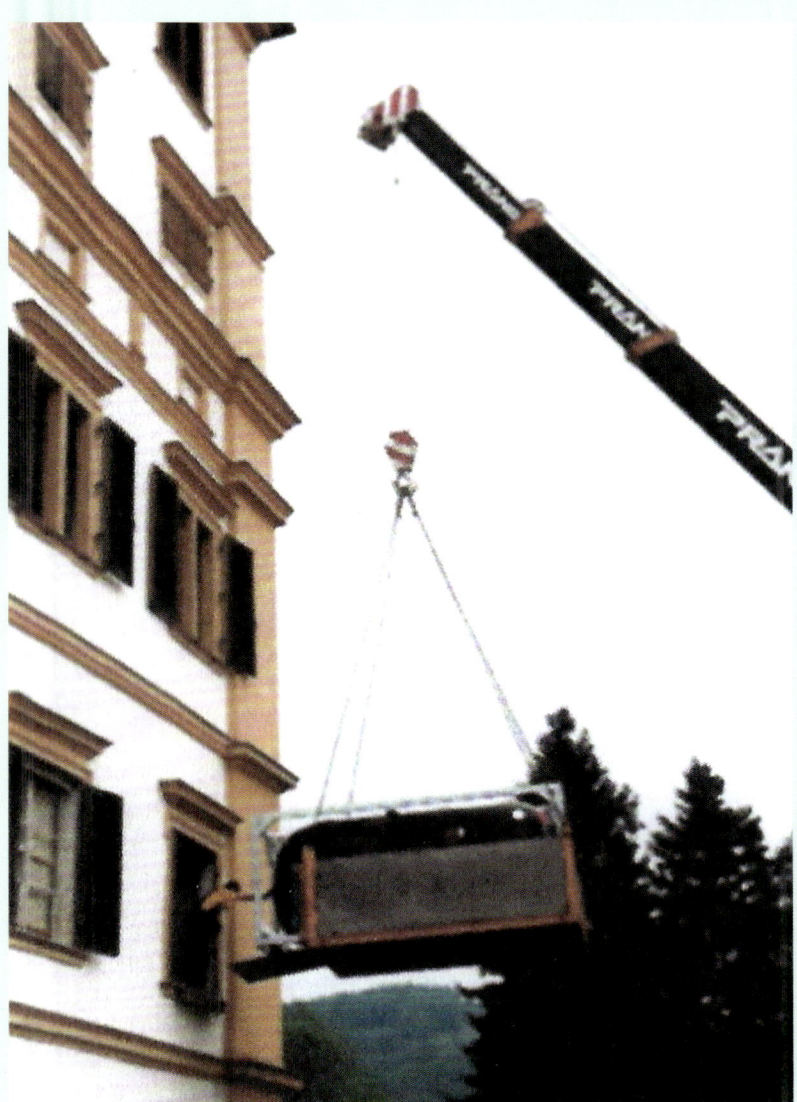

space and the data space were dispersed via information flows and capital flows. the dynamization of real data generated uncertainty, which is also an inherent part of art's essence.

capital as social, political, cultural, spiritual space/epoch dynamizes humanity—in the work **in god we trust** [56], as defined trust in space, time, and value.

in the project **art atm (kunstbankomat)** [58], money too undergoes an expansion of its essence. the traditional function of an atm is transformed, via the personal inter-action of withdrawing cash, into a social artwork of the financial industry. in line with kriesche's sociocultural concept, the financial transaction was interlinked via the art atm with an art sponsorship:

text 1: without security / no freedom / security / cannot / be / produced / if / each / conceives / of / it / only / for / himself / alone

text 2: withdraw cash for art and culture! with every withdrawal the raiffeisen-landesbank styria donates 10 cents to the state's artists and creatives.

text 3: without freedom / no security / freedom / cannot / be / realized / if / each / refers / it / only / to / himself / alone.

in his oeuvre kriesche conflates complex, inter-locking, society-building theories over and again. he uncovers non-perceptible spatial/temporal references in everyday reality and puts them up for debate. his researching is based on research, his developing is based on the devel-opment of social, political, scientific, cultural, economic findings that undergo perceptible distension via art. kriesche speaks of aesthetics versus a-sthetics, by which he means: "if we consider traditional aesthetics in the context of a modern information era, then due to reality's loss of perceptibility, they face their demise. their demise was not only signaled by the sciences and arts; their demise is likewise clear in everyday reality, since life-relevant processes of immediate perception are now closed to our senses; nothing more can be perceived, nothing experienced by means of our percep-tion. the demise of traditional aesthetics contains the statement that world reality can be registered in its

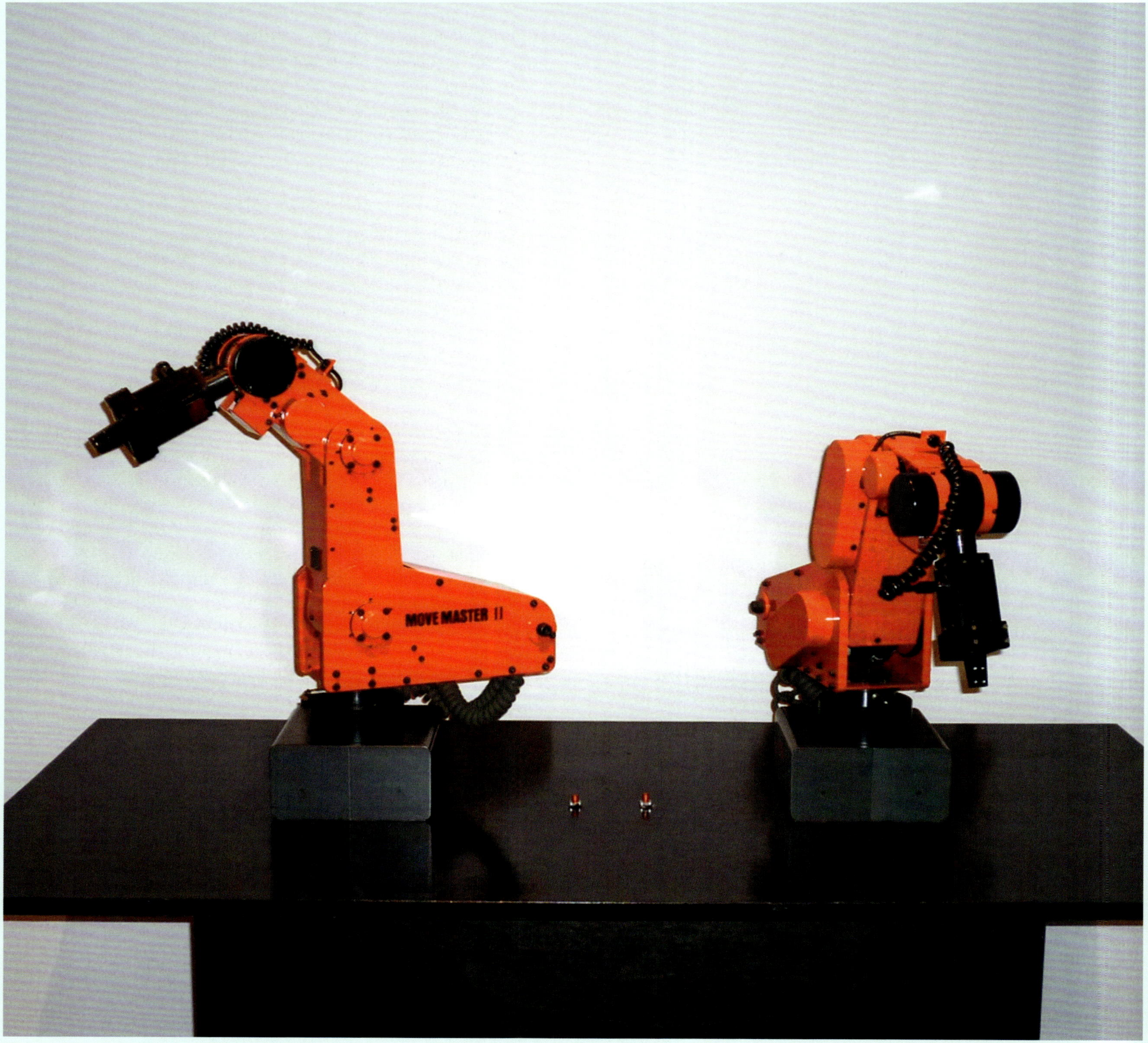
MOVE MASTER II

high machine-centric complexity only by technical/
technological means and perceived extra-aesthetically.
i describe this situational phase as the a-sthetic. the
a-sthetic cannot be found in images (texts, sounds,
objects, etc., and most definitely not in external nature),
but in perception, via perception; it is manifested in
images, i.e. in images of images, in the rendering of
outlooks. theaters of the a-sthetic are not images,
objects, sounds of the outside world, but they are located
uniquely and solely in our own body, chiefly in our brain."
(konrad/kriesche, "kunst, wissenschaft, kommunikation,"
vol. 2: communication, p. 15)
one art/research project that fundamentally documents
this theory is **avl : drivability** ⌷60. via a simulated car
journey inside a defined art space (in eggenberg castle,
graz), humanity retreats into the virtual space in order to
experience reality. time and space coalesce in one point,
in the individual perception of each person.
the infinity of time sequences, carried in kriesche's project
robotics – a world model (robotics – ein weltmodell)
⌷62, forms a fitting conclusion to the range of thoughts
pursued in these present remarks. kriesche describes
many-faceted dimensions of society-shaping factors
in his work. the substance of time that inheres in his
artworks opens the gaze onto the big picture, which, in
the course of time and into the future, can be rethought
and reflected on again and again, and as a result creates
humanity's vision in space and time.¶

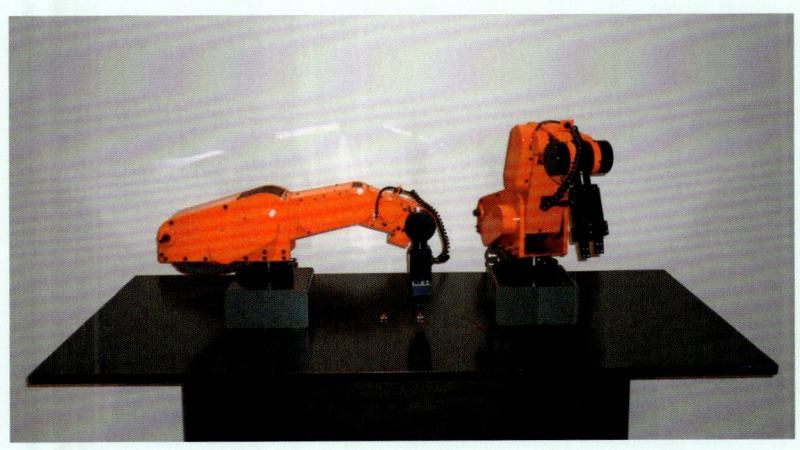

ROBOTICS – EIN WELTMODELL

42. biennale di venezia / venedig / 1986

die aufhebung des unterschieds zwischen arbeit und unterhaltung:
zwei interagierende roboter zeigten in radikaler weise die koinzidenz von
konstruktion und destruktion. während roboter 1 seine performance
darbot, stand roboter 2 still. roboter 1 beendete mit der betätigung
des startschalters von roboter 2 seine performance. während roboter 2
seine performance darbot, stand roboter 1 still. roboter 2 beendete
mit der betätigung des startschalters von roboter 1 seine performance ...
ad infinitum!

UNTERNEHMENSÄSTHETIK :
EIN AUSBLICK IM RÜCKBLICK

ASTRID BECKSTEINER-RASCHE

in diesem buch wurden kunstwerke richard kriesches zusammengeführt, die unter dem aspekt der substanz von zeit und raum betrachtet wurden. einige dieser werke sind auch unter dem gesichtspunkt der unternehmensästhetik zu verstehen. schon in den frühen 1970er jahren begann kriesche seine künstlerische zusammenarbeit mit unternehmen aus der wirtschaft. damit vollzog er eine deutliche erweiterung des/seines kunstbegriffes.

worin liegt die unternehmensästhetik im werk kriesches? sein credo: „kunst ist in der wirklichkeit verankert! die wirklichkeit wird im kunstwerk als kunst der wirklichkeit erfahrbar gemacht." in der westlich geprägten kulturgeschichte wird der mensch als autonomes individuum verstanden. daraus resultiert, dass kulturschaffende und deren werk dem unternehmerischen prinzip unter-

worfen werden. kriesche versteht seine künstlerische leistung in kooperation mit einem unternehmen de facto unabhängig von diesem unternehmen, also nicht in der unterwerfung einer freien ästhetischen formensprache. wesentlich ist im kontext der unternehmensästhetik das sichtbarmachen ästhetischer momente innerhalb unternemerischer prozesse.

kriesche spürt ästhetische fragmente innerhalb eines unternehmens/einer unternehmerischen tätigkeit auf, überführt sie auf eine metaebene, um das unternehmensästhetische potential sichtbar werden zu lassen bis hin zum unternehmensästhetischen des kapitals. kunst als währung von wirklichkeit. das kunstwerk wird nicht aus einem künstlerischen kontext realisiert, sondern aus einem unternehmen heraus, über die gesellschaft, in die digitale wirklichkeit hinein.¶

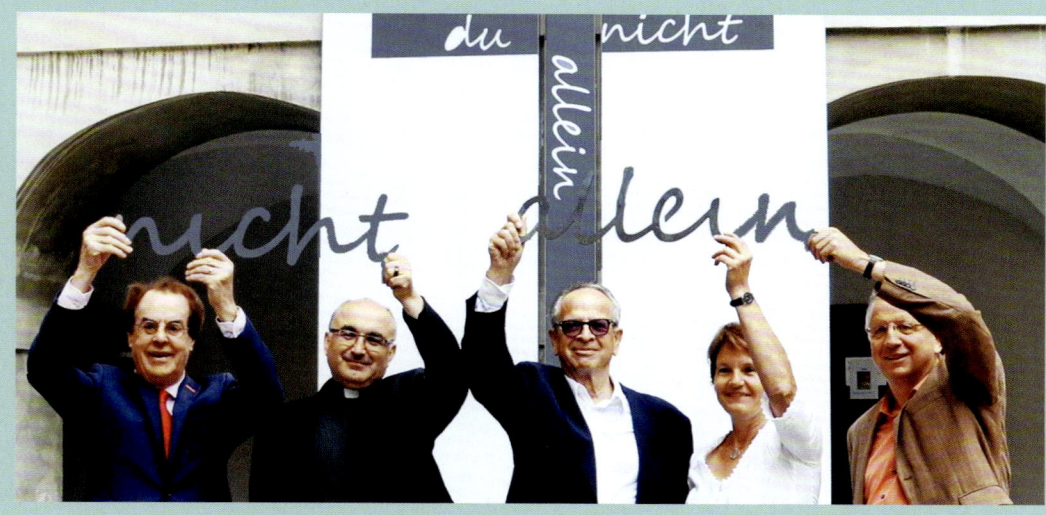

du bist nicht allein
diözese graz seckau / 2017 24/26

CORPORATE AESTHETICS :
LOOKING BACK TO LOOK AHEAD

ASTRID BECKSTEINER-RASCHE

this book contains a compilation of artworks by richard kriesche seen through the substantialness of space and time. some of these works are also to be understood from the angle of corporate aesthetics. kriesche began his artistic collaboration with businesses back in the early 1970s, and in doing so he accomplished a clear expansion of the/his concept of art.

wherein lie the corporate aesthetics in kriesche's oeuvre? his credo runs thus: "art is anchored in reality! reality is made tangible in the artwork as the art of reality." in western-informed cultural history, man is understood as an autonomous individual. the outcome of that is that culture-makers and their work are subjected to the entrepreneurial principle. kriesche understands his artistic contribution in partnership with a business to be de facto independent of that business; therefore, he does not see his contribution in the subjection of a free aesthetic language of forms. visualization of aesthetic moments inside corporate processes is the essence of corporate aesthetics. kriesche picks up aesthetic fragments within a company/ a corporate activity and transfers them onto a metalevel, in order to visualize corporate aesthetics and thus render visible the corporate aesthetics of capital. this is art as the currency of reality. the artwork does not emerge out of an artistic context, but out of a corporation, via society, into a digital reality.¶

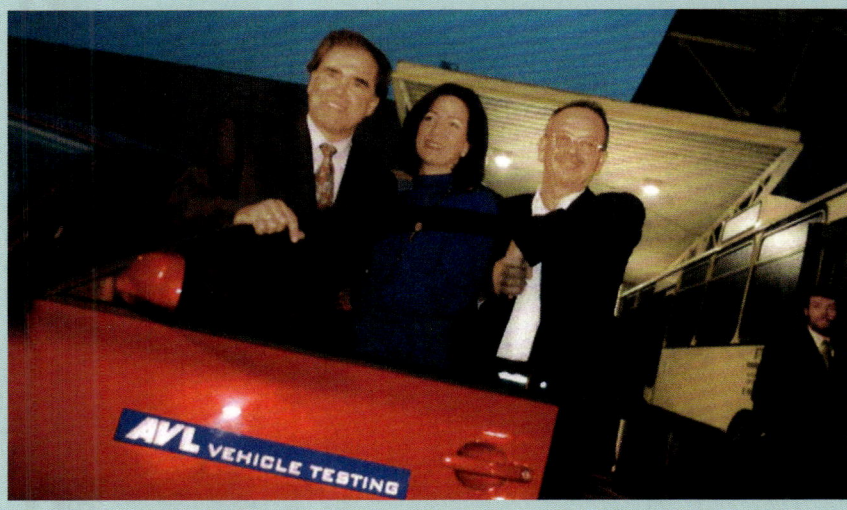

avl : drivability
helmut list, kathryn list und richard kriesche / comm.gr2000az /
avl-list gmbh graz / schloss eggenberg / graz / 2000 60

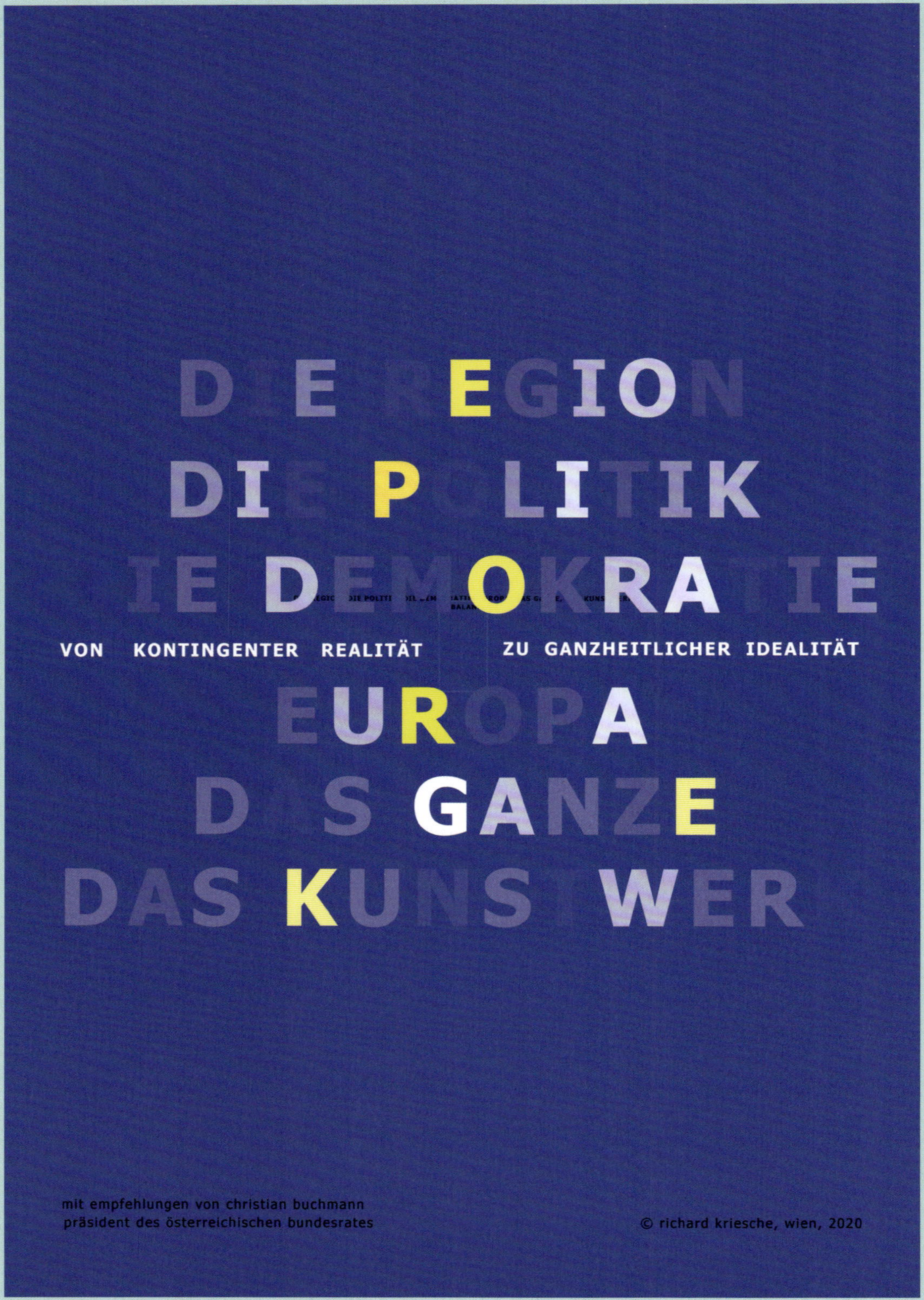

DIE REGION
DIE POLITIK
IE DEMOKRATIE

VON KONTINGENTER REALITÄT   ZU GANZHEITLICHER IDEALITÄT

EUROPA
DAS GANZE
DAS KUNST WER

mit empfehlungen von christian buchmann
präsident des österreichischen bundesrates

© richard kriesche, wien, 2020

HOFBURG - KUNST - EUROPA
——————————————————————
poster in einer auflage von 25 exemplaren / hofburg
wien / 2020

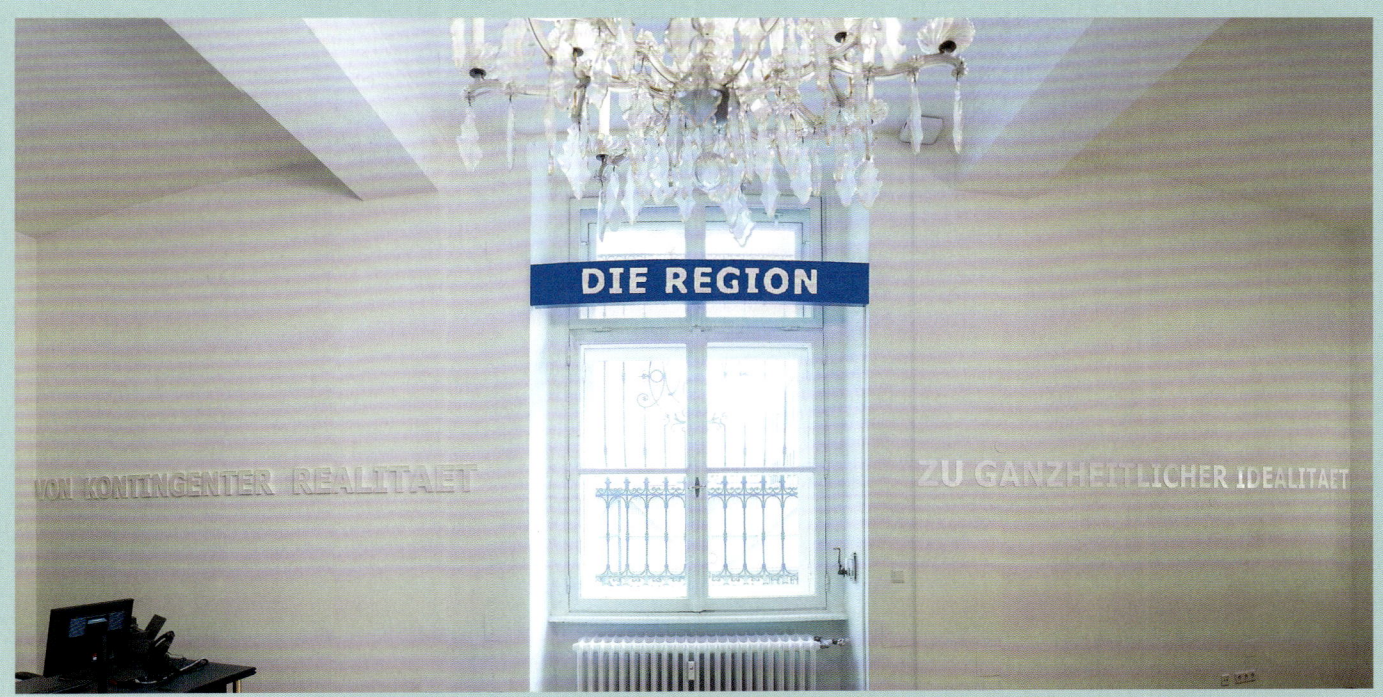

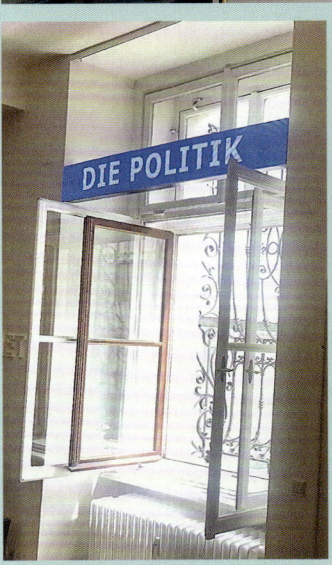
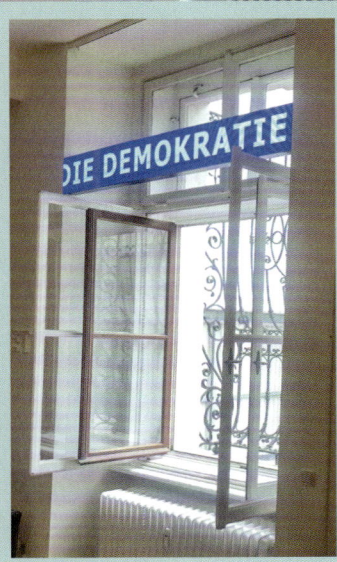
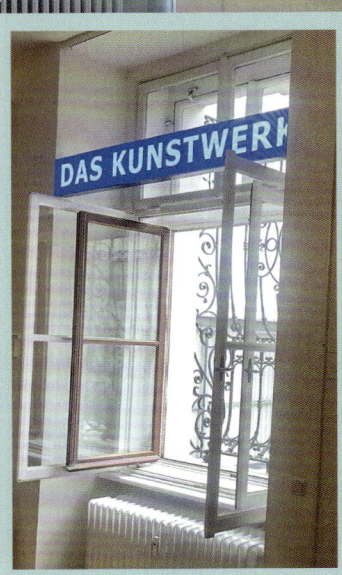
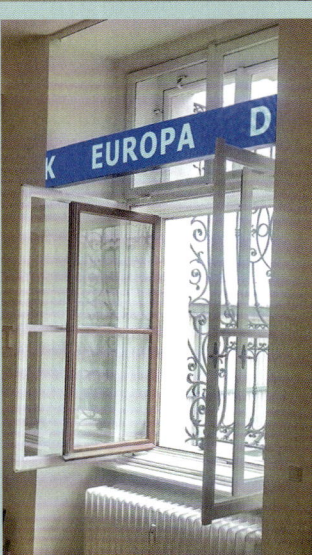

hofburg - kunst - europa
arbeitsraum des präsidenten des österreichischen bundesrates,
mag. christian buchmann / hofburg wien / 2020

die programmatik des kunstkonzeptes der neugestaltung eines hofburg-
zimmers obliegt der realen genese regionaler identität und politischer
souveränität, das sich im gesamtkunstwerk europa manifestiert.

UNTERNEHMENSÄSTHETIK DES REALEN

CORPORATE AESTHETICS OF THE REAL

das projekt „künstler" ist nicht mehr eines von maler, designer, grafiker, musiker, etc., sondern primär vom unternehmer des ästhetischen.
unternehmensästhetik des realen ist die entscheidende frage für den bestand einer domäne der kunst innerhalb der digitalen moderne. künstler gehen in ihrer neuen funktion nicht von kunst, nicht vom künstlersein aus, sondern vom unternehmer des ästhetischen im gesellschaftlich ökonomisierten, technisierten, digitalen kontext.
künstler können sich als unternehmer ästhetischer hervorbringungen verstehen, die explizit aus den die gesellschaft prägenden wirkkräften zur erforschung der ästhetik des realen resultieren.

richard kriesche

the project "artist" is no longer the project of a painter, designer, graphic artist, musician, etc., but primarily of an entrepreneur of the aesthetic.
corporate aesthetics of the real is the crucial issue for the existence of a field of art in the midst of the digital modern era. artists are basing their new role not on art, not on being an artist, but on the understanding of the entrepreneur of the aesthetic in the socially economized, technologized, digital context.
artists can think of themselves as entrepreneurs dealing in aesthetic products, which are the explicit outcome of the effective powers organized by society for exploring the aesthetics of the real.

richard kriesche

osterausgabe kleine zeitung
kleine zeitung / gestaltung der osterausgaben von karfreitag bis ostersonntag im zeitraum von 2007 bis 2021 und 2025 20/22

das jahr 0 symbolisiert die radikale zeitenwende in jetztzeit innerhalb der westlichen kulturgesellschaften. ostern trägt die gleichzeitigkeit von ende und neubeginn in sich, daraus entstehen transzendente verschiebungen, die transzendente dimensionen realisieren.
durch den produktionsprozess der osterausgabe der jeweils aktuellen zeitung entstanden direkt in der zeit 400.000 originale.

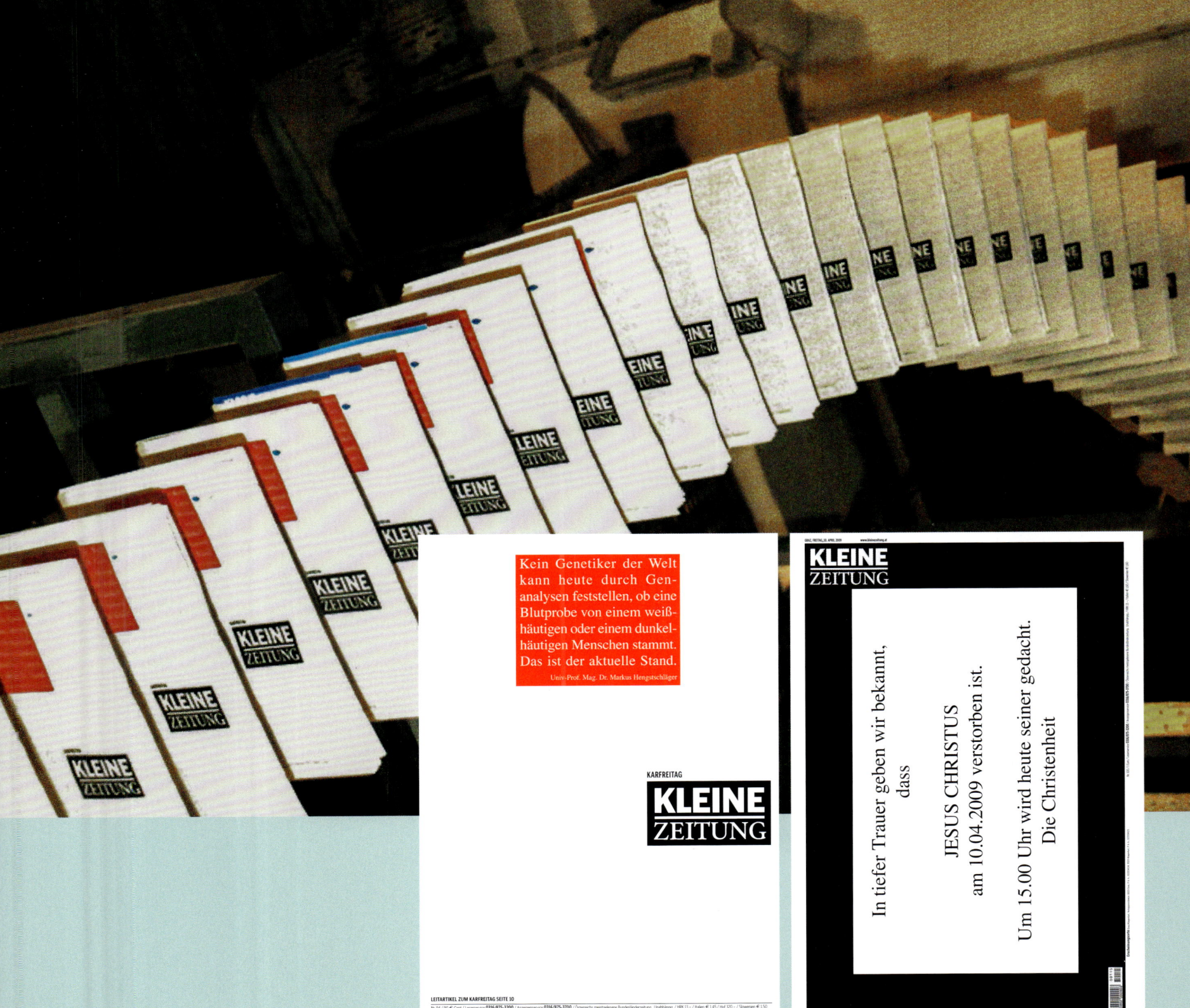

Kein Genetiker der Welt kann heute durch Genanalysen feststellen, ob eine Blutprobe von einem weißhäutigen oder einem dunkelhäutigen Menschen stammt. Das ist der aktuelle Stand.

Univ.-Prof. Mag. Dr. Markus Hengstschläger

KARFREITAG

KLEINE ZEITUNG

LEITARTIKEL ZUM KARFREITAG SEITE 10

Nr. 94 / 90 € Cent / Leserservice **0316/875-3200** / Anzeigenservice **0316/875-3700** / Österreichs meistgelesene Bundesländerzeitung. Unabhängig / HRK 13 – / Italien € 1,45 / Huf 320 – / Slowenien € 1,50

GRAZ, FREITAG, 10. APRIL 2009 www.kleinezeitung.at

KLEINE ZEITUNG

In tiefer Trauer geben wir bekannt, dass

JESUS CHRISTUS
am 10.04.2009 verstorben ist.

Um 15.00 Uhr wird heute seiner gedacht.
Die Christenheit

UNTERNEHMENSÄSTHETIK : DER NEUE REALISMUS GEGENÜBER DEN GEGENWÄRTIGEN KUNSTPRAXEN

CORPORATE AESTHETICS : THE NEW REALISM IN RESPECT OF PRESENT-DAY ART PRACTICES

der selbstauftrag des künstlers hat sich von den kunstimmanenten milieus (z. b.: museum, galerie, kunstsammler, kunstkritik, kunstkuratoren, kunstpublizisten, etc.) in die unternehmerischen kunstfremden milieus verlagert. damit ist die an kunst und künstler gerichtete herausforderung eine radikal neue, denn es geht nicht mehr um kunst oder nicht-kunst, bis hin zu „alles ist kunst", sondern um ihren gesellschaftspolitischen wirklichkeitsradius, letztlich um ihre begründung in einem entpolitisierten, global-ökonomisierten, entideologisierten, finanzkapitalistischen, globalverbindlichen, digitalisierten tatbestand.

richard kriesche

the artist's self-appointed mission has relocated from art-immanent environments (e.g.: museum, gallery, art collector, art critic, art curators, art publicists, etc.) to corporate art-remote environments. the challenge posed to art and artists is hence a radically new one, for it is no longer about art or not-art, up to the point of having everything defined as art, but about its socio-political radius of reality; ultimately, it is about its grounding in a depoliticized, globally economized, de-ideologized, financial capitalist, globally binding, digitalized state of affairs.

richard kriesche

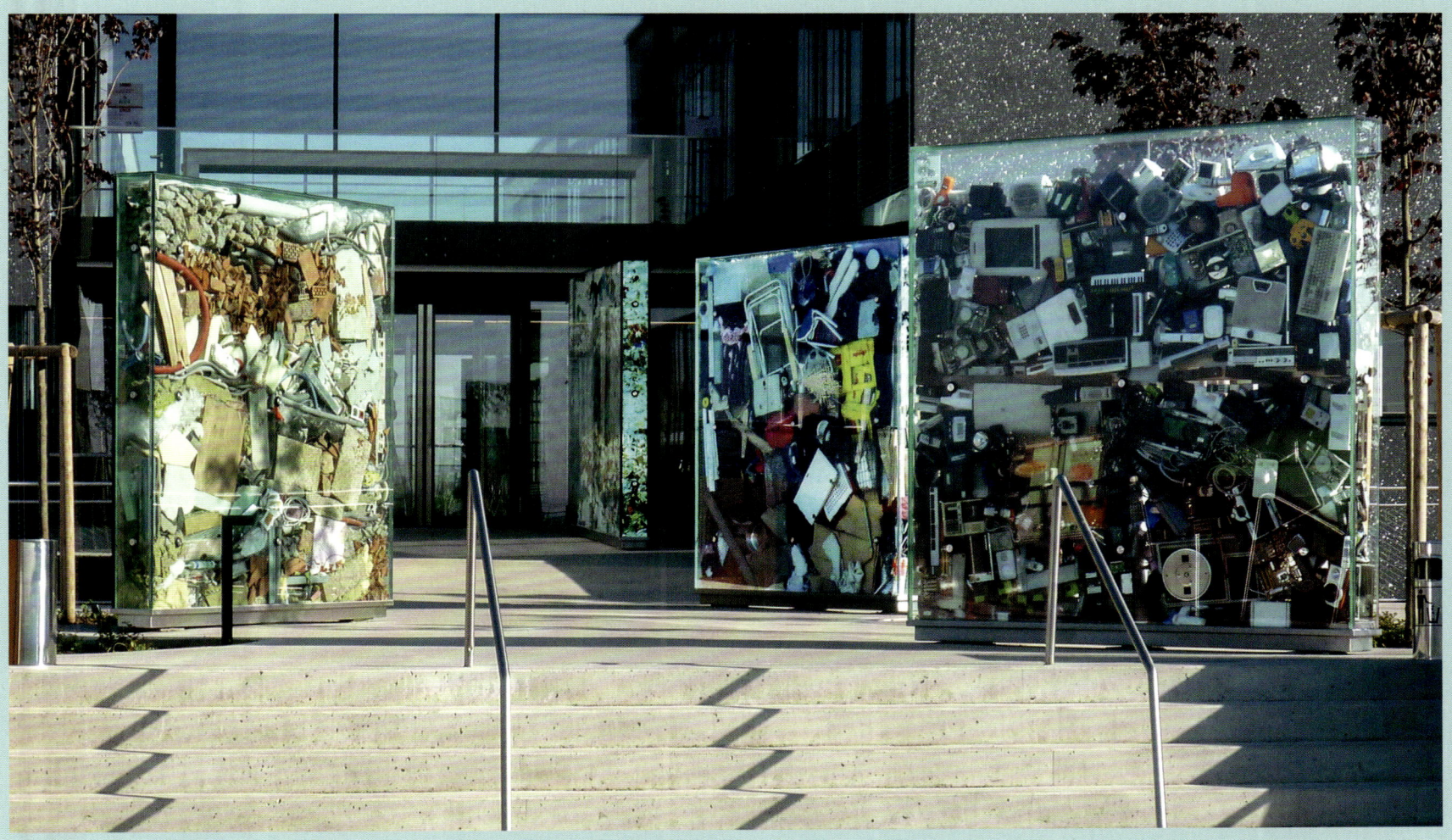

RESTWERK / RESTWERT
_____

saubermacher recycling gmbh / feldkirchen bei graz / 2011

der ceo des unternehmens saubermacher, herr hans roth, trat an kriesche
heran, die darstellung des unternehmens nach außen zu transportieren.
es sollte eine unternehmenspräsentation auf der basis seiner produktionsprozesse entstehen und damit die freilegung der darin verborgenen
ästhetischen potenziale. das hatte die kreation von artworks zur folge,
die ausschließlich aus den unternehmenspezifischen produktionsprozessen
hervorgegangen sind.

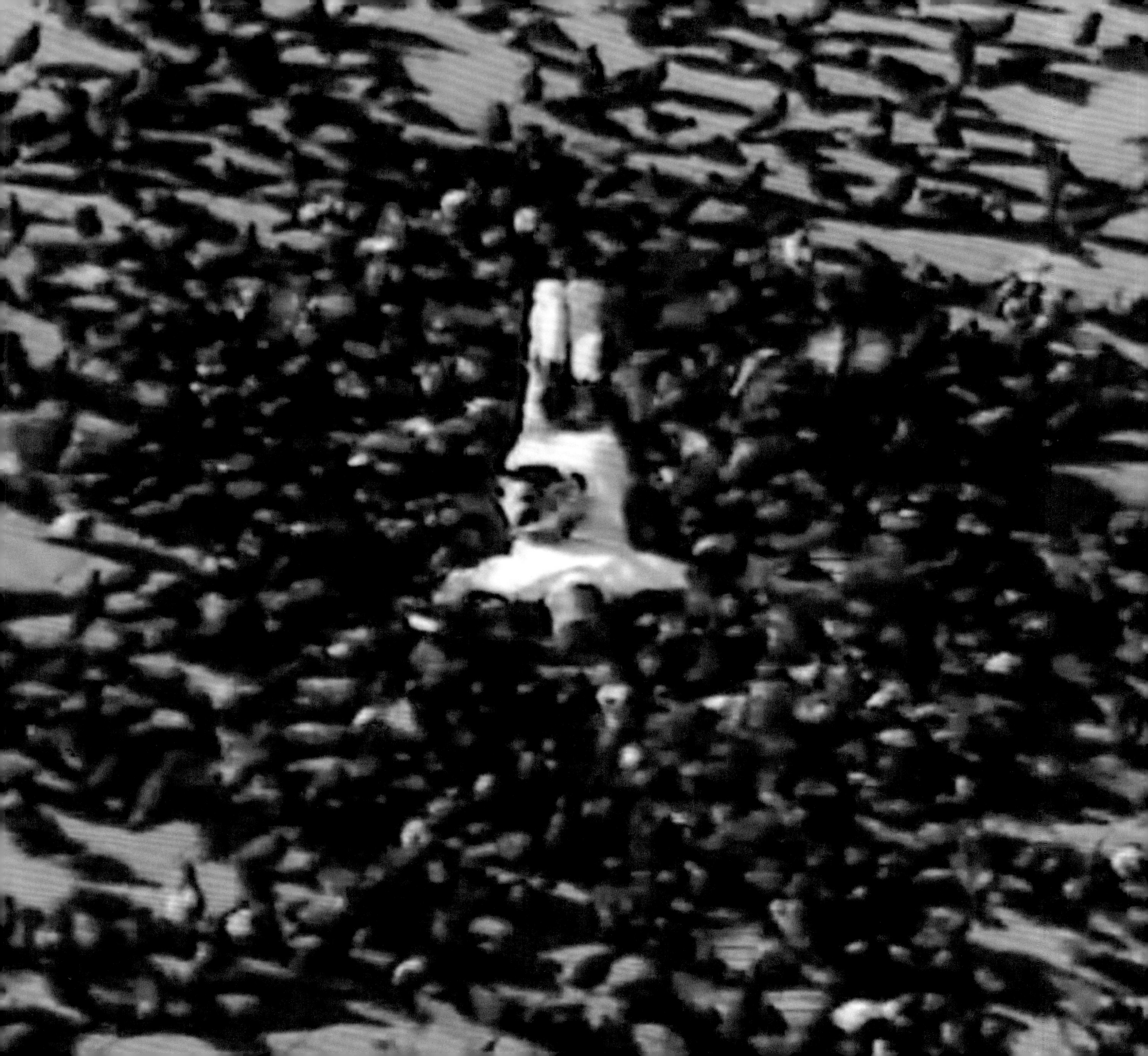

ANIMAL – HUMAN – DIGITAL

für richard kriesche war der tod in der analogen und frühen digitalen kunst eine physikalische schwelle, die das leben unwiderruflich abschloss, doch als künstler, der sich intensiv mit digitalen prozessen beschäftigte, konnte er auch erkennen, dass kunst und ideen weiterexistieren, überdauern, transformiert werden.

in der gegenwart, im kontext seines triptychons mit chatgpt, wird der tod zu einer aktiven frage - eine spannung zwischen vergänglichkeit und künstlicher unsterblichkeit. als „almost dead artist" steht kriesche symbolisch an der schwelle zwischen dem biologischen vergehen und weiterleben durch technologie. die zusammenarbeit mit der ki macht den tod nicht mehr zu einem abrupten abschluss, sondern zu einem übergang. er wird teil eines dialogs mit dem nichtmenschlichen, einem spiel mit präsenz und absenz.

der tod, einst ein unumstößlicher moment, wird für kriesche möglicherweise eine programmierbare variable - ein upload, eine übersetzung, eine algorithmische fortsetzung. die frage ist nicht mehr, ob ein künstler stirbt, sondern in welcher form seine ideen weiterleben. in einer welt, in der das bewusstsein zunehmend mit maschinen interagiert, ist der tod nicht mehr nur das ende, sondern eine schnittstelle, ein ort, an dem das menschliche in das digitale übergeht, das vergängliche in das berechenbare.

(dieser text wurde von richard kriesche mit hilfe einer künstlichen intelligenz erstellt.)

for richard kriesche, the death of analogue and early digital art was a physical threshold, irreversibly closing off life, yet as an artist intensively occupied with digital processes, he was also able to recognize that art and ideas will continue to exist, endure, undergo transformation.

in the present day, in the context of his triptych made with chatgpt, death becomes an active question— a tension between impermanence and artificial immortality. as an "almost dead artist" kriesche stands symbolically on the threshold between biological decay and continued life by technological means. collaboration with ai makes death no longer an abrupt conclusion, but a transition. it becomes part of a dialogue with the non-human, becomes play with presence and absence.

death, once an unalterable instance, might possibly become for kriesche a programmable variable— an upload, a translation, an algorithmic continuation. the question is no longer whether an artist dies, but in which form his ideas continue to live. in a world in which consciousness is interacting increasingly with machines, death is no longer merely the end, but an interface, a place in which the human aspect transitions to the digital, the impermanent to the calculable.

(this text - in its original german version - was compiled by richard kriesche with the aid of artificial intelligence.)

IMAGE CAPTIONS

page 5
time-based-human
the almost dead artist : the almost alive artificial intelligence
triptych / ars electronica / linz / orf tv broadcast item "orientierung"
(report: thomas bogensberger, camera: alexander limberger, editing:
philip sordian) / 2023

page 6
time-based-human
the almost dead artist : the almost alive artificial intelligence
triptych / ars electronica / linz / orf tv broadcast item "orientierung"
(report: thomas bogensberger, camera: alexander limberger, editing:
philip sordian) / 2023
this work takes as its theme the interrelationship between artificial
intelligence, christian world view, and art. the triptych format is
consciously adopted, as is the tension-filled tradition of a christianity-
influenced iconography. kriesche asks chatgpt about the past, the
present, and the future of being human.

page 9
the haywain
hieronymus bosch (ca. 1450-1516) / triptych / 1490
hieronymus bosch's triptych exists in two versions: one version
is located in the el escorial, the second in the museo del prado.
the left-hand wing depicts the garden of eden, the middle panel
the haywain, and the right-hand wing hell. when closed, the triptych
depicts the wanderer through time.

page 11
DATA WORK : MAN
GENETIC PORTRAIT / BLOOD TRACE – GENE TRACE

talk by richard kriesche / ars electronica / linz / 2001

page 12
data work : man
genetic portrait / blood trace – gene trace
gene trace by richard kriesche in real data / 2001
the work is based on the sequencing of gene fragments f2 and f5
to make a 657-part "a, c, g, t_text."
left: a/green, c/blue, t/white, g/red, n/gray
center: a/green, c/blue, t/white, g/red, n/gray sorted
right: sum of all a/green, c/blue, t/white, g/red, n/gray

page 15
data work : man
genetic portrait / blood trace – gene trace
3-generation portrait of the obermayer family
kunsthistorisches museum, vienna / 2003
this work is also based on the sequencing of gene fragments f2 and f5
to make a 657-part "a, c, g, t_text." with this, a portrait of grandmother,
mother, and daughter from the obermayer family was developed
which explores the field of tension set up by the following questions:
where do i come from, where am i, where am i going?

page 17
... AND THE FLESH BECAME WORD ...

bregenz / 1997

a professional mri image of the artist's heart was generated. this 3d
heart was placed on the internet in the form of a rotating model and
could be globally activated/respirated via a microphone. just breathing
led to a color change in the heart's structure and, per user, left behind
an individual trace/piece of information in the artist's heart.

page 19
RICHARD JESUS / TELEROOM

video demonstration / kunsthalle baden-baden / 1981

the installation consisted of two rooms. room 1: kriesche with lectern
and five monitors and audience, room 2: five museum employees,
five cameras, each transmitting a body part to room 1. kriesche
artificially brought together a fragmented scenario and visualized
not only the dissolution of the body but, above all, the dissolution of
the real.

page 20/22
EASTER EDITION OF KLEINE ZEITUNG

kleine zeitung / graz / from 2007 to 2021 and 2025

for several years, richard kriesche created the easter issues of the
kleine zeitung newspaper, from good friday to easter sunday.

YOU ARE NOT ALONE

medal / commemorative message / diocese of graz / 2017

on the occasion of the 800th jubilee of the graz seckau diocese, kriesche developed the commemorative medal **du bist nicht allein** out of jesus's cry on golgotha—"my god, my god, why hast thou forsaken me!"—in remembrance of the joint solidary meeting as part of the jubilee celebration. the designing of the cross on the himmelkogel summit developed out of that.

you are not alone
cross on the summit of the himmelkogel / diocese of graz / 2017

TV DEATH 1/2/3

galerie stampa, basel, 1975 / kölnischer kunstverein, 1975 / generali foundation, vienna, 2000

two video systems were located in an exhibition space. one monitor was covered with a cloth. the camera for this monitor was pointing to an assistant and the artist. the other camera was pointing to the covered monitor. the picture on the covered monitor was transmitted for the viewers to another room onto monitor 2.

tv death 1/2/3
with the uncovering of monitor 1, the picture of an assistant and the artist appeared on monitor 2. a text referencing the demonstration was recited during the demonstration. the assistant pointed a pistol at monitor 1 and shot the screen. monitor 2 showed the shot-up monitor 1. reality (the shot) destroyed the medial reality on screen 1 and became the medial reality on screen 2. the shot made realities visible.

1 + 1 = 3

galerie stampa / basel / 1982

reality versus media reality: as a result of the exact positioning of two cameras, correction of the real space was performed in the electronic space. by moving an incorrect mathematical equation out of the real space into the electronic, medial space, the artist rectified it.

BRAINWORK

1980

a human sculpture: the brain, understood as a closed system but constantly producing a link between outer world and inner world, became visible as an image-generating medium. the creative process, which is based in non-attentiveness (alpha rhythm)—and therefore image-giving—was canceled out by attentiveness (beta rhythm). this body-techno machine formed a metaphor for the self. the succession of subjective relaxation and tension determined the size of the visualized self. **brainwork** penetrated the digitalized space and made subjective thought processes visible—the interior space (subjective brain space) became one with the digital space (electronic image space) and came undone in the intro- and extrospection of the subjective face.

TWINS

video installation (two cameras, two monitors, a pair of twins, and text panels) / documenta 6 / kassel / 1977

in each of two completely identical rooms sat a twin, reading walter benjamin's book "the work of art in the age of mechanical reproduction." the cameras recorded the scenarios and transmitted the pictures to the other room. the reproductions of nature—two identical situations—were in reality not identical.

twins
room sketch and twins on location / documenta 6 / kassel / 1977

BLACKOUT –
HOW CLOSE CAN TELEVISION GET TO ME

orf / 1974/75

in this live media action, kriesche posed himself and all participants the question: how close can television get to me? what does television as a communication medium make of reality? what reality does television develop out of not-seeing?

page 41

ART SPECTRUM LONDON – THE POLAROID PLACE

alexandra palace / london / 1971

room installation with kriesche sitting on the wall in a picture frame; the audience's polaroid photos made up the frame. the expectation that a defined art audience in a defined art space gets to see a defined art object by a defined artist was confounded.

page 43

VIDEOTIME

vienna / gumpoldskirchen / 1973

a darkened railway carriage with passengers on the journey from vienna to gumpoldskirchen. three cameras: camera 1 was mounted on the front of the train, camera 2 on the back of the train, and camera 3 in the carriage. the pictures taken were transmitted onto the monitors in the carriage, and a static clock measured the time.

page 44

videotime

sketch / vienna / gumpoldskirchen / 1973

page 45

videotime

monitors on the train / vienna / gumpoldskirchen / 1973

page 47/48

TELEMATIC SCULPTURE 4

in partnership with joanneum research and knapp ag / 46th biennale di venezia / venice / 1995

the question of subject, space, and time in the face of a world changing in the telematic realm was posed in this work.

page 51

EDERSGRABEN – HOME A SCULPTURE IN TIME

in collaboration with peter hoffmann, heidi grundmann, wilhelm gaube, and rudolfine kriesche / edersgraben / 1982

shortly before the end of the second world war, the final skirmishes took place in the small east-stryrian community of edersgraben. a trench in the forest owned by the schandl family is one of the last testimonies of those days. on 31.10.1982 (an austrian national holiday),

eye- and ear-witnesses, and their family members, met for a meal of remembrance next to this communication trench. a partial piece of this ditch was cast in concrete.

page 53

HUMANIC – VIRTUALLY RICHARD

advertisement—art ad for the company humanic / in collaboration with xaver schwarzenberger / graz / vienna / 1972-1974 / 1985

kriesche stands in a white suit of maize kernels on st. mark's square in venice. in the space of 30 seconds, onlookers experience the transformation of the maize-kernel sculpture, first into a pigeon sculpture, then into the real person richard kriesche in one of the first and most radical commercials in the history of tv advertising. here, art, in the form of a singular message, was turned into brand/mass communication, the company's advertising strategy.

page 54

CAPITAL + CODE / AESTHETICS OF CAPITAL

skulpturenmuseum marl, 2007 / kunsthaus graz, 2008 / ars electronica—voest alpine linz, 2010

in 2007, five central cultural concepts, namely capital, freedom, employment, art, and society, were placed in relation to each other for a certain period via the global search engine google. professional stock exchange software linked the data generated from this to make charts. this process of producing charts realizes the aesthetic moment that all charts are based on: the uncertainty and unpredictability of societal processes.

page 57

IN GOD WE TRUST

galerie zimmermann / graz / 2014

over the course of civilization's history, confidence in god has implanted itself remarkably and squarely on the divine in the usa, as a capitalist system—in the form of the text "in god we trust" on banknotes. trust in capital is realized in systemic trust in god—trust as the binding factor. the authenticity number of the bill at hand appears upon the unscrambling of the qr code.

page 59
ART ATM
raiffeisenbank herrengasse / graz / 2021

in 2019 the raiffeisen-landesbank approached kriesche to create a commercially available automatic telling machine in the form of an artwork in the protected heritage city center of graz. a standardized atm, as an established object from the financial industry, is designed and made visible for the bank's self-image as a solidary joint venture. in line with the creative concept, the atm's owner, the raiffeisen city branch of the bank, pledged to pay out 10 cents each time from every cash withdrawal at the machine to fund artists from the art atm's catchment area, regardless of the transaction amount.

page 30
AVL : DRIVABILITY
comm.gr2000az / avl-list gmbh graz / schloss eggenberg / graz / 2000

autonomous driving was not yet an area of concern in 2000. in this project, a research car was equipped with "drivability," a development system for self-driving cars from the company avl under the direction of helmut list. this car was transported through a window of eggenberg castle into the castle's interior. in this way, virtual driving as an everyday experience was portrayed in art in its significance for the future of mobility. this new form of mobility was made liveable/drivable.

page 63
ROBOTICS - A WORLD MODEL
42nd biennale di venezia / venice / 1986

the abolition of the distinction between work and entertainment: two interacting robots demonstrated, in a radical way, the coinciding of construction and destruction. while robot 1 was performing, robot 2 stood still. robot 1 concluded its performance by activating the start switch of robot 2. while robot 2 was performing, robot 1 stood still. robot 2 concluded its performance by activating the start switch of robot 1 ... ad infinitum!

page 64
you are not alone
diocese of graz seckau / 2017

page 65
avl : drivability
helmut list, kathryn list, and richard kriesche / comm.gr2000az / avl-list gmbh graz / schloss eggenberg / graz / 2000

page 66
HOFBURG - ART - EUROPE
poster edition of 25 copies / hofburg, vienna / 2020

page 67
hofburg - art - europe
working space of the president of the austrian bundesrat, mag. christian buchmann / hofburg, vienna / 2020
the objective of the art concept to redesign a room in the hofburg is incumbent upon the real-life formation of regional identity and political sovereignty, manifested in the total artwork that is europe.

page 68
easter edition of kleine zeitung
kleine zeitung / design of the easter issues from good friday to easter sunday from 2007 to 2021 and 2025
within western cultural societies, year zero symbolizes the radical shift of time in present times. easter carries within itself the simultaneity of end and new beginning; transcendental shifts arise out of that, realizing transcendental dimensions. the production of each year's easter issue resulted in the production of 400,000 originals over the years.

page 71
SCRAP WORK / SCRAP WORTH
saubermacher recycling gmbh / feldkirchen near graz / 2011

the ceo of the company saubermacher, mr hans roth, approached kriesche to communicate the company's image to the public. the requirement was to make a company presentation based on its production processes and, in doing so, release the aesthetic potentials concealed within them. the result was the creation of artworks which proceeded exclusively from company-specific production processes.

richard kriesche wurde 1940 in wien geboren und lebt und arbeitet heute als freier künstler in wien und graz. |
richard kriesche was born in vienna in 1940 and now lives and works as a freelance artist in vienna and graz.

zahlreiche nationale und internationale ausstellungen (auswahl) |
numerous national and international exhibitions (selection)

2023	zeitenwende. the almost dead artist : the almost alive artificial intelligence, ars electronica, linz, kunsthaus graz
2022	richard kriesche. a solo exhibition: a solo presence, museum der moderne salzburg, generali foundation
2020	the beginning. kunst in österreich 1945 bis 1980, albertina modern im künstlerhaus, wien
2016	medienblock-richard-kriesche, neue galerie graz
2008	capital + code / aesthetics of capital, kunsthaus graz
2006	2nd art and science international exhibition, tsinghua-universität, peking
2006	genealogie & genetik, kunsthistorisches museum wien
1999	transformation 3, 49. biennale di venezia, venedig
1998	electronically yours, tokyo metropolitan museum of photography
1995	telematische skulptur 4, 46. biennale di venezia, venedig
1991	artsat, russische raumstation mir, weltraum
1987	weltall, documenta 8, kassel
1986	ein weltmodell, 42. biennale di venezia, venedig
1985	artificial intelligence in the arts, los angeles municipal art gallery
1984	strahlen, daad-galerie, berlin
1982	video that nobody watches, kunsthaus zürich
1977	documenta 6, kassel
1970	36. biennale di venezia, venedig

auszeichnungen | awards

2023	großer josef-krainer-preis
2019	ehrenzeichen des landes steiermark für wissenschaft, forschung und kunst
2010	„featured artist" der ars electronica
2010	österreichischer kunstpreis für medienkunst
2006	österreichisches ehrenkreuz für wissenschaft und kunst
2002	ernennung zum hofrat durch die steiermärkische landesregierung
1995	preis der 46. biennale di venezia, „menzio d'honore" (erstmals an einen österreichischen künstler)
1995	würdigungspreis des landes steiermark für bildende kunst
1988	kunstpreis der stadt graz

publikationen (auswahl) | publications (selection)

genealogie und genetik, kunsthistorisches museum wien, 2006
sphären der kunst, cd-rom und buch, neue galerie, 1996
informationsmaschine, biennale venedig, eigenverlag, 1995
artsat, raumstation mir, eigenverlag, 1991
w.y.s.i.w.y.g. mit peter hoffmann, stadtmuseum graz, 1989
entgrenzte grenzen 2, mit peter hoffmann, arge alpen adria, 1988
entgrenzte grenzen 1, mit peter hoffmann, arge alpen adria, 1987
animal art, steirischer herbst, 1987
brainwork, steirischer herbst, 1985
humane skulpturen, mit peter hoffmann, eigenverlag, 1980
video-end, pool, 1976

LITERATURLISTE | LIST OF LITERATURE

astrid becksteiner-rasche, richard kriesche. kunst_quantitativ 1/2/3, leykam, graz 2008

helmut konrad, richard kriesche (hg.), kunst, wissenschaft, kommunikation. comm.gr20000az,
3 bde., springer, wien, new york 2000

richard kriesche, datenwerk : mensch. das portrait - genealogie & genetik, ausst. kunsthistorisches museum wien,
wien 2006

geseko von lüpke, tiefenzeit. vergangenheit und zukunft wiederentdecken, radiowissen bayern2, 08.09.2021,
https://www.br.de/radio/bayern2/service/manuskripte/ radiowissen/manuskript-radiowissen-tiefenzeit-100.html
(zuletzt aufgerufen am 03.04.2025)

orientierung, in: orf 2, 17.09.2023 (konzept: richard kriesche, gestaltung: thomas bogensberger,
produziert im landesstudio oberösterreich und im rahmen der ars electronica),
https://on.orf.at/video/14193924/orientierung (nicht mehr verfügbar)

© 2025 richard kriesche, astrid becksteiner-rasche und arnoldsche art publishers, stuttgart

alle rechte vorbehalten. vervielfältigung und wiedergabe auf jegliche weise nur mit schriftlicher genehmigung der copyright-inhaber. | all rights reserved. no part of this work may be reproduced or used in any form or by any means without written permission from the copyright holders.
www.arnoldsche.com

idee und konzeption | idea and concept
richard kriesche

autorin | author
dr. astrid becksteiner-rasche

übersetzung | translation
alexandra cox, dortmund

lektorat englisch | copy editing english
wendy brouwer, stuttgart

grafische gestaltung | graphic designer
karina moschke, kirchheim/teck

offset reproduktion | offset reproductions
paladin design- und werbemanufaktur, remseck

druck | printed by
offizin scheufele, stuttgart

papier | paper
magno volume 170 g/m^2, magno gloss 170 g/m^2

arnoldsche projektkoordination | project coordination
julia hohrein-wilson und lotta sedlacek

projekt sponsoring | project sponsoring
dr. rosa kriesche-küderli

bibliografische information der deutschen nationalbibliothek
die deutsche nationalbibliothek verzeichnet diese publikation in der deutschen nationalbibliografie; detaillierte bibliografische daten sind über www.dnb.de abrufbar.
bibliographic information published by the deutsche nationalbibliothek
the deutsche nationalbibliothek lists this publication in the deutsche nationalbibliografie; detailed bibliographic data are available at www.dnb.de.

isbn 978-3-89790-728-7

made in europe, 2025

fotografen | phototographers
richard kriesche, rudolfine kriesche, thomas bäckenberger, gery wolf, diego stampa, thomas jantzen, christoph rasche, kleine zeitung

© vg bild-kunst, bonn 2025/bildrecht wien, 2025 für | for richard kriesche

wir haben uns nach bestem wissen und gewissen bemüht, alle rechteinhaber ausfindig zu machen. etwaige unberücksichtigte rechteinhaber wenden sich bitte an richard kriesche. | we have endeavored to identify all rights-holders to the best of our knowledge and belief. should any rights-holders not be included, please contact richard kriesche.

aus gründen der besseren lesbarkeit verwenden wir das generische maskulinum. wir meinen stets alle geschlechter im sinne der gleichbehandlung. die verkürzte sprachform hat redaktionelle gründe und ist wertfrei. | the term "man" as a generic term and the associated masculine pronouns have been applied in this translation gender-neutrally and are intended to encompass all genders.

dieses buch entstand mit großzügiger unterstützung von | this book has been produced with the generous support of

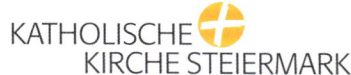
Bundesministerium
Kunst, Kultur,
öffentlicher Dienst und Sport

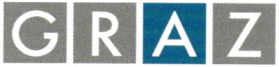
KATHOLISCHE
KIRCHE STEIERMARK

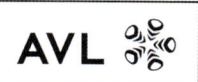
GRAZ

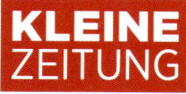
AVL

KLEINE ZEITUNG